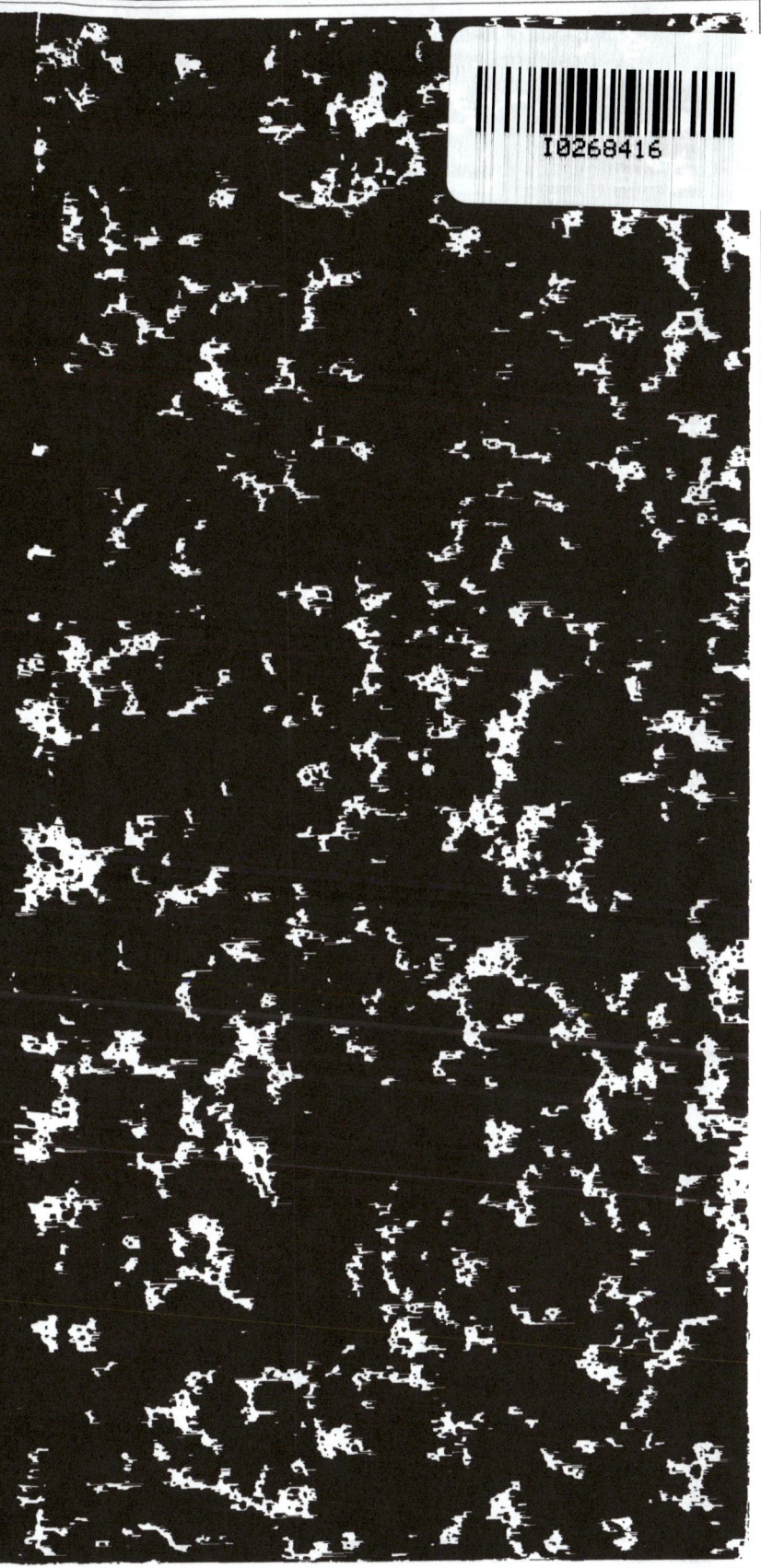

Lb 44
583
B

# DÉPECHES ET LETTRES

INTERCEPTÉES

## PAR DES PARTIS DÉTACHÉS

# DE L'ARMÉE COMBINÉE

DU NORD DE L'ALLEMAGNE.

# COPIES

DES

## LETTRES ORIGINALES ET DÉPÊCHES

DES GÉNÉRAUX, MINISTRES,

GRANDS OFFICIERS D'ÉTAT, etc.,

Écrites de Paris à Buonaparte pendant son séjour à Dresde, ainsi qu'une Correspondance de divers personnages de cette même famille entr'eux;

Interceptées par les avant-postes des Alliés dans le Nord de l'Allemagne.

SECONDE ÉDITION.

A PARIS,
A LA LIBRAIRIE FRANÇAISE ET ÉTRANGERE
GALIGNANI, rue Vivienne, N°. 18.

1815.

# TABLE DES PIÈCES.

## FAMILLE NAPOLÉON. GRANDES AFFAIRES D'ÉTAT.

Pages

Lettre du roi de Westphalie à l'Empereur.................................... 3
Du même au roi de Naples........... 11
Mortfontaine. Lettre du sénateur Rœderer au général Dumas............ 12
Lettre de la reine des Deux-Siciles au Roi.................................. 15
Le duc de Feltre, ministre de la guerre, à S. M. la reine des Deux-Siciles.... 21
De la même au même................ 22
De la même au général Belliard...... 29
De la même au général Lanusse...... 30
Lettre du comte de Mosbourg au roi de Naples................................ 31
Lettre de l'Archi-chancelier à l'Empereur.................................... 44
Du même au même................... 48
Lettre de l'Archi-trésorier à l'Emper. 51
Lettre de l'Archi-chancelier au duc de Bassano.............................. 52

| | Pages |
|---|---|
| *Notes journalières du prince Camille à l'Empereur* ........................ | 55 |

## DIPLOMATIE.

| | |
|---|---|
| *Lettre du comte d'Hédouville au duc de Bassano*.......................... | 59 |
| *Lettre du comte Mercy Argenteau au même* ........................... | 63 |
| *Du même au même.* ................... | 65 |
| *Lettre du comte Germain au duc de Bassano*............................. | 68 |
| *Lettre du chev. Bogne de Faye au même.* | 72 |
| *Extrait d'une lettre du comte de Saint-Marsan à M. Caillard*............... | 81 |
| *Lettre de M. Caillard au duc de Bassano*.............................. | 83 |
| *Lettre du comte Otto de Mosloy au même.* | 86 |
| *Lettre du chevalier Oginski au baron Bignon*.............................. | 89 |
| *Le baron de Durand, ministre de France à Naples, à S. E. M. le duc de Bassano* ............................... | 90 |
| *A S. M. l'Empereur et Roi*........... | 94 |

## SERVICE MILITAIRE.

| | |
|---|---|
| *Rapports du Ministre de la Guerre à l'Empereur, I—VII*.............. | 99 |

Pages

*Extraits de correspondance du Ministre
de la guerre*........................ 117
*Lettre de l'ordonnateur de l'arrondissement de Cassel au comte Daru*...... 122
*Lettre du Minist. du trésor à M. Ferino.* 128
*Lettre du Ministre secrétaire d'état au
général Boursier*.................... 129
*Lettres du général Aboville au général
Duloloy*.....................130—131
*Lettre de l'inspecteur des équipages
auxiliaires à l'agent en chef du même
service* .......................... 135
*Lettre du capitaine Servin à l'Empereur.* 141

## MINISTERES DE L'INTÉRIEUR ET DES FINANCES.

*Lettre du ministre de l'intérieur à l'Empereur*........................... 149
*Lettre du comte Berenger à l'Empereur.* 158
*Situation de la caisse d'amortissement*.. 160

## EXTRAITS

*De lettres particulières, écrites de Paris
et de l'intérieur, au grand quartier-
général de l'armée française*...... 163

## POLICE.

| | Pages |
|---|---|
| Lettre du ministre de la police à l'Empereur.................................... | 203 |
| Bulletin du 29 septembre 1813......... | 208 |
| Exécution. Dispositions................. | 225 |
| Extraits de la correspondance ministérielle................................. | 229 |
| Bulletin de la bourse d'Amsterdam..... | 245 |
| Passage de troupes..................... | 246 |
| Extraits de lettres ouvertes aux bureaux de poste............................ | 247 |
| A. Départ............................ | 247 |
| B. Arrivée........................... | 253 |
| C. Cabinets de Gênes et de Florence... | 279 |
| Bulletin de Saint-Cloud................ | 290 |
| Lettre au baron de Fain................ | 291 |
| Préfecture de police................... | 294 |
| Rapport du général Hulin.............. | 296 |
| Situation des corps stationnés dans la première division militaire......... | 297 |

FIN DE LA TABLE.

# PRÉFACE.

Les troupes légères qui devancent au loin les armées des alliés, ont enlevé pendant cette campagne un nombre considérable d'estafettes et de courriers ennemis. On sait que les Cosaques ont un talent particulier pour ce genre de captures, et que surtout le célèbre général Czernicheff, avant de devenir le quartier-maître général de l'empereur Napoléon dans sa retraite de Leipsick jusqu'à Mayence, s'était déjà constitué son archiviste.

Les pièces qu'on présente au public ont été choisies parmi une grande quantité d'autres papiers moins intéressans. La majeure partie provient de la prise d'une seule estafette expédiée de Paris au quartier-général de Dresde. La moisson n'en est pas moins riche, et nous ne croyons pas trop dire, en affirmant que ces pièces forment un tableau assez complet de l'état moral de la France et des pays soumis à son régime, à l'époque où elles furent écrites.

Ce recueil n'est donc pas destiné à satisfaire seulement une curiosité oisive, il contient des éclaircissemens précieux pour les hommes d'état, des matériaux pour l'historien futur de la crise actuelle.

L'éditeur répond de l'exacte authenticité. Les dépêches officielles sont données en entier. On a eu soin de marquer toutes les omissions qu'on a cru devoir faire dans les lettres particulières; mais ces omissions n'altèrent jamais le sens de ce qu'on a jugé convenable de communiquer au public. L'impression s'est faite sur des copies; les originaux sont restés en dépôt pour être conservés et produits au besoin.

Assurément, on ne fait pas tort au

gouvernement de Buonaparte, en le faisant connaître par ses propres actes. Paré de tous ses atours, environné de formes ménagées, il paraîtra peut-être à des lecteurs peu initiés, moins formidable que dans l'affreuse réalité. Lorsque le despotisme s'est introduit au milieu d'une civilisation très-raffinée, il ne faut pas s'attendre à le voir parler comme font les tyrans dans les tragédies. Au contraire, il marche doucement avec des souliers de feutre ; la réserve et le mystère sont ses caractères essentiels ; il y a une infinité de choses sous-entendues, et qui ne sont jamais articulées, même par ses agens les plus affidés. La rudesse des formes est réservée pour les malheureux ; pour les laboureurs hors d'état d'acquitter d'énormes impôts ; pour les conscrits qu'on traîne sur les grands chemins, enchaînés et attachés à la file ; pour les habitans des côtes ou des frontières qui, dans l'anéantissement du commerce et de l'industrie, ont essayé d'éluder les règlemens rigoureux des douanes. Les prisons regorgent de détenus, mais leurs gémissemens ne sauraient percer au travers des murs épais de leurs cachots. On serait criminel de s'intéresser aux souffrances de ses concitoyens, victimes du despotisme, et cette personnalité qu'on est forcé d'affecter pour sa propre sûreté, devient souvent une habitude réelle. Dans les classes supérieures, et surtout dans l'atmosphère de la cour, tout se passe en politesses : le serpent n'en est pas moins caché sous les fleurs. La méfiance du tyran ne connaît point de bornes. Il fait non-seulement surveiller les actions et les paroles d'un bout de son vaste empire à l'autre; il voudrait encore pénétrer les pensées secrètes de tout le monde, à commencer par les membres de sa propre famille, et il employe toutes les ruses, même les plus viles, pour en saisir quelques indices.

Napoléon fait espionner son frère dans sa retraite à Morfontaine, et le Ministre de la police trouve nécessaire de transmettre en chiffres le résultat de son espionnage. Le même Ministre est chargé de faire un rapport journalier sur tout ce qui se passe chez l'Impératrice. En effet, il n'a trouvé rien que de fort innocent à rapporter sur cette auguste princesse ; mais le cadre est là, pour le remplir d'une autre manière, si le moindre soupçon était suscité contre ses sentimens politiques. D'un autre côté, nous voyons la reine de Naples se plaindre à son mari de ce qu'un de ses courriers lui a caché des dépêches ; et une dépêche confidentielle d'un Ministre Napolitain, né Français, écrite au Roi à l'insu de la Reine, nous donne l'explication de ce phénomène, et nous fait entrevoir des projets enveloppés en-

ils devraient l'alarmer. Le Ministre de la police qui, sans doute, a le plus ample privilége, tout en exposant à l'Empereur Napoléon un déplorable état de choses, s'efforce de trouver des réflexions et des expressions adoucissantes.

On connaîtra par les pièces suivantes quelle est la nature de cette régence, instituée avec tant de pompe. Le travail des Ministres sur les affaires de service ordinaire est soumis à la signature de l'Impératrice et Reine régente, d'après la délibération du conseil. Mais tout ce qui sort de la ligne habituelle est réservé pour la décision de l'Empereur. Cette princesse n'est pas même munie de la faculté d'accorder une petite pension à un pauvre évêque. Il n'est pas étonnant que le Ministre de la guerre continue sa correspondance directe avec l'Empereur, puisque la guerre actuelle a été le motif d'instituer une régence. Mais le Ministre de la police aussi met son travail tout entier sous les yeux de l'Empereur, tandis que l'inspection de cette partie devrait essentiellement appartenir aux attributions de la Régente. Il est clair que le Ministre de la police n'a communiqué qu'une petite partie de son travail au conseil, puisque l'Archi-Chancelier dit que les affaires présentées par ce Ministre ne sont susceptibles ni de remarques, ni d'observations. Or la dépêche du Ministre de la police que nous sommes à même de lire, fournit matière à une infinité de remarques.

La police générale et secrète est le palladium du despotisme, c'est l'arche du Seigneur, à laquelle personne n'ose toucher. Napoléon, que l'on pourrait croire tout entier occupé d'une guerre terrible, veut savoir toutes les minuties qui se passent dans quelque coin de son empire. La conscience de ses propres actions grossit les objets aux yeux du despote. Un colporteur de chétives estampes, débitant l'image du Pape enchaîné à des villageois ignorans dans un département des frontières, aurait peut-être suffi pour troubler Buonaparte au fond de l'Allemagne et à la tête de ses armées, si nos Cosaques n'avaient pas soulagé Sa Majesté impériale et royale de cette inquiétude, en retenant le paquet.

Le Ministre de la police qui espionne tout le monde, qui fait ouvrir les lettres adressées aux Maréchaux de l'empire, pour y trouver quelque chose de suspect, est espionné à son tour; et un agent secret, probablement ignoré de lui, envoie à un secrétaire intime de l'Empereur un rapport de police, destiné à contrôler le sien.

Cette police si redoutable a cependant aussi sa partie élégante. Elle a des gens de lettres à ses gages, pour faire de l'esprit sur les sujets de conversation des salons de Paris, sur les anecdotes de littérature et de société. Ces agréables bagatelles, destinées à amuser le terrible Napoléon au milieu des camps, lui ont été envoyées à Dresde, et sans doute aussi à Moscou. On peut donc supposer que Sa Majesté, revenue de l'une et de l'autre de ces villes à Paris, quoique du reste en assez mauvais état, ne s'est pas trouvée trop en arrière de la mode et du bon ton.

Le tableau des prisons de Paris fait frémir : plus de cinq mille individus y sont détenus. En décomptant les femmes et les enfans de la population de Paris, évaluée à 550,000 ames, on trouvera que sur cinquante hommes au moins un est en prison.

On objectera peut-être que ces détenus sont en grande partie transférés des départemens dans les prisons de Paris. Certainement on ne transfère pas ceux qui sont arrêtés pour des délits ordinaires. Il faut donc conclure ou qu'il languit dans les prisons de Paris un grand nombre de prisonniers d'état, c'est-à-dire d'honnêtes gens suspects au gouvernement, ou que le nombre des délits ordinaires augmente à un point effrayant, par la misère du peuple, par l'éducation négligée, et par l'absence de morale et de religion dans les classes inférieures.

Comparons à ce tableau des prisons l'état de la force armée dans l'intérieur. Il résulte du rapport du général Hulin, commandant de la place de Paris et de la première division militaire, qu'il ne se trouvait dans cette division, laquelle comprend Paris et plusieurs départemens, guère plus de 2000 soldats disponibles, les gendarmes y compris. A quel fil fragile Buonaparte a-t-il suspendu la tranquillité de l'état et la sûreté de son gouvernement! Ou ses moyens militaires sont entièrement épuisés par son obstination à faire face à des entreprises insensées au dehors, où il pense avec une témérité inouie que les propos des Parisiens ne se transformeront jamais en actions.

Un état des dépôts de la garde impériale nous montre que le recrutement en est devenu extrêmement difficile. Sur le nombre assigné de 12,000 hommes, 1555 n'ont pu être fournis par les départemens, faute d'hommes qui eussent les qualités requises ; 538 ont déserté avant l'incorporation, et 360 après avoir été incorporés. Où ces déserteurs se sauvent-ils? Certainement pas au dehors. Il doit donc exister dans l'intérieur des moyens de se soustraire aux recherches de la gendarmerie. On voit par là quelle est aujourd'hui en France l'aversion contre le service militaire, puisque la garde est cependant un corps favorisé.

Il ne se trouve point de rapport général sur l'état des finances; mais les indications du ministre de la police suffisent pour en décéler la détresse. Les besoins les plus urgens, les fournitures militaires, ne peuvent pas être payés en argent comptant, ils sont en grande partie soldés en annuités, c'est-à-dire qu'au lieu de payer, le gouvernement contracte une nouvelle dette pour l'état. Le grand déficit dans les finances de France, caché jusqu'ici par des rapports pompeux publiés chaque année, mais dénoncé depuis long-temps par des calculateurs profonds, va enfin éclater. Il n'a été couvert que par les recettes extérieures; ces recettes sont taries par les revers de la guerre. Les armées françaises, repoussées de tous côtés dans l'intérieur, vont être entièrement à la charge du pays, et sur la frontière d'Espagne on éprouve déjà la difficulté de pourvoir à la subsistance des troupes. Il est vrai que le nombre prodigieux de tués et de prisonniers, faits aux armées françaises en Allemagne, facilite beaucoup ce soin à l'Empereur Napoléon, jusqu'à ce que les nouvelles levées soient formées.

On a laissé de côté un grand nombre de pièces relatives au service militaire, parce que les détails qu'elles contiennent ont perdu leur intérêt, même pour les gens du métier, par la retraite de l'ennemi au delà du Rhin.

Dans les rapports du ministre de la guerre, la proclamation du Prince royal de Suède attirera sans doute l'attention. Cette belle et noble proclamation, adressée à l'armée combinée du nord de l'Allemagne, au commencement de la campagne, a été réimprimée en Angleterre, envoyée à lord Wellington, distribuée sur la frontière des Pyrénées, saisie par le maréchal Soult et envoyée au ministre de la guerre, enfin transmise par celui-ci à l'Empereur Napoléon; par un hasard singulier elle se retrouve entre nos mains, après avoir, pour ainsi dire, fait le tour du monde. Des lettres des agens secrets de l'ennemi, adressées aux généraux français, qu'on a interceptées et qui pourront trouver leur place dans un cahier suivant, marquent une inquiétude particulière sur le quartier-général du Prince royal de Suède, et sur toutes ses démarches. Cela est naturel. Les adhérens de Buonaparte n'ignorent pas que ce prince a conservé le droit de parler à la nation française, et que ses paroles ne sauraient manquer d'inspirer de la confiance, aussitôt qu'il pourra se faire entendre.

Quant aux lettres particulières, on ne doit pas s'étonner de n'y pas trouver énoncées des opinions plus hardies sur le gouvernement. Tout le monde est prévenu en France que les lettres sont sujettes à être ouvertes, tout le monde est donc sur ses gardes. Les gens en place et les employés des bureaux se servent des cachets officiels, même pour leurs lettres particulières ; souvent ils mettent leur nom sur l'enveloppe, pour épargner à la police la peine de les ouvrir.

Par les soins du Ministre de la police nous sommes en possession des lettres de l'intérieur, qui sans cela ne nous auraient pas été accessibles. Les extraits qu'il envoye à l'Empereur Napoléon montrent combien peu de chose il faut pour paraître suspect et procurer à une lettre l'honneur d'être mise sous les yeux de Sa Majesté Impériale.

Cette surveillance exercée sur les correspondances, réunie à la censure la plus rigoureuse de tout ce qui s'imprime en France, et à la prohibition des journaux étrangers, retient les Français dans une ignorance absolue de tous les faits qui pourraient les intéresser. Lorsque ces barrières qui isolent la France au milieu de l'Europe, et qui coupent toute communication libre dans l'intérieur, auront été rompues, la nation française éprouvera la sensation d'un homme qui, ayant été long-temps enfermé dans une prison ténébreuse, est tout à coup ramené au grand jour.

Dans les lettres envoyées de Paris au grand quartier-général de l'armée française, il y a beaucoup de choses qui font honneur et aux personnes qui les ont écrites, et à celles à qui elles sont adressées. Nous nous sommes refusés avec peine à insérer dans ce recueil des épanchemens de tendresse conjugale et maternelle qui plairaient dans un roman. On voit que plusieurs généraux et officiers français qui peut-être ne se sont guère fait aimer en Allemagne, sont extrêmement aimés dans leurs familles. Tant mieux pour eux; les Allemands leur souhaiteront de bon cœur toutes les douceurs de la vie domestique, pourvu qu'ils ne reviennent plus troubler la leur.

Quel tableau de désolation dans les

familles, que celui que présentent ces lettres! Ce ne sont que des femmes éplorées, des épouses, des mères, qui ont déjà éprouvé des pertes cruelles, ou qui tremblent d'en apprendre à l'arrivée de chaque courrier! Sans doute, les femmes sensibles de tous les pays s'inquiètent pour leurs époux, leurs fils, leurs frères, exposés aux dangers de la guerre; elles pleurent ceux qui périssent au champ d'honneur; mais le noble motif d'une guerre et le sentiment d'avoir offert un sacrifice à la patrie fournissent des consolations puissantes, même pour la perte de ce qu'on a de plus cher au monde. Dans les journaux allemands on a vu telle mère annoncer la mort de tous ses fils, tués dans cette seule campagne, avec une élévation d'âme et une fermeté dans la douleur, dignes d'une mère Spartiate. En France on n'envisage plus la guerre que comme une calamité physique sans terme et sans aucun but moral. On soupire après la paix, mais sans l'espérer. Voilà la seule chose qu'on se permette d'exprimer dans les lettres : on ne désigne pas l'auteur de tant de maux, on le connait trop bien.

Puisse la publication des pièces suivantes contribuer à hâter le moment de cette paix tant desirée, à laquelle le caprice atroce d'un seul homme met obstacle ! Eclairés sur leur situation, les Français doivent enfin être convaincus de la nécessité d'opposer une forte volonté nationale à un gouvernement usurpateur, s'ils ne veulent pas tous finir par en être les victimes.

# FAMILLE NAPOLÉON,

ET

*Grandes Affaires d'État.*

# FAMILLE NAPOLÉON,

ET

## Grandes Affaires d'État.

### N°. I.

*Le Roi de Westphalie à S. M. l'Empereur et Roi* (1).

(TRIPLICATA.)

Sire,

Le 24, j'appris que l'ennemi était entré à Mühlhausen avec 4000 chevaux, 2000 chasseurs et 16 pièces de canon;

---

(1) Ce compte rendu de la première prise de Cassel est curieux à comparer avec le rapport officiel contenu dans le *bulletin* de l'armée combinée du nord de l'Allemagne, du 6 octobre. Quoique le roi Jérôme veuille se donner l'air d'avoir fait bonne contenance, et que le trouble ait grossi à ses yeux le nombre des ennemis, on n'en voit pas moins dans son récit que l'attaque fut extrêmement bien combinée et exécutée avec la valeur la plus impétueuse.

en même tems le général Lemarrois annonçait au ministre de France que trois régimens d'infanterie russe, 800 chevaux et 12 pièces de canon avec lesquels une de ses divisions s'était battue à Wollmirstadt, se dirigeaient sur Brunswick; il ne me parut plus douteux qu'ils ne voulussent faire une tentative sur Cassel. J'en prévins le duc de Valmy, et l'engageai à faire passer par Cassel sa 54e. colonne de marche, forte de 3,200 hommes, en lui observant que si mes craintes n'étaient pas fondées, cette colonne ne perdrait qu'un jour de marche, et que s'il en arrivait autrement, elle servirait, soit à repousser l'ennemi de Cassel, où j'étais décidé à l'attendre, soit à assurer ma retraite en cas de nécessité. Le 26, le général Bastineller, qui observait dans le Harz les mouvemens de l'ennemi, m'annonça qu'il se portait, au nombre de 7000 hommes, sur Eschwège, et le général Zandt, qui était en position à Goettingue, me rendit compte en même temps que l'ennemi était entré en force dans Brunswick. Cependant, comptant sur l'arrivée de la colonne française que j'avais demandée au duc de Valmy, je fis mes dispositions de défense. Je donnai ordre au général Bastineller d'appuyer sa gauche à Witzenhausen, et sa droite à Melsungen, afin que l'ennemi ne pût intercepter la route de Francfort, en passant le gué qui est près de ce dernier endroit. Le général Bastineller ne put exécuter assez promptement ce mouvement, l'ennemi étant en force devant lui. Il me rendit compte que 800 chevaux et 4 pièces de canon étaient parvenus à tourner sa droite et se hâtaient d'arriver sur Cassel. Le 27, je lui donnai l'ordre de prendre position en avant de Cassel. Le même ordre fut donné au général Zandt, mais l'ennemi les gagna de vitesse, renversa le même jour, à onze heures du soir, les avant-postes qui étaient à Elsa et à Kaufungen, et hier 28, à quatre heures du matin, j'en reçus la nouvelle. Je fis sur-le-champ prendre les armes au peu de troupes que j'avais avec moi. J'envoyai vingt-cinq hussards et deux compagnies des chasseurs de la garde pour reconnaître l'ennemi, au milieu duquel ils se trouvèrent un quart-d'heure après être sortis de la ville. Le brouillard était si épais que l'on pouvait à peine se voir à deux pas. Ce détachement se replia sur la porte de Léipsick en assez bon ordre, quoiqu'il eût perdu la moitié de son monde par l'artillerie ennemie. Deux pièces de canon que j'avais placées à la porte de Léipsick ripostaient vivement à l'ennemi, dont les boulets traversaient la ville; mais ces deux pièces furent démontées après une demi-heure de combat. Pendant ce tems je faisais barricader le pont qui communique du faubourg à la ville. A peine cette opération fut achevée que l'ennemi enfonça les portes à coups de canon, et vint braquer une pièce vis-à-vis du pont, ouvrit la prison d'état qui en est près, et fit sortir tous les prisonniers. Je perdis sur ce point beaucoup de monde ; une partie de mes hussards ne sachant point monter à cheval et n'étant point équipée, me demanda des fusils, et défendit ce pont, ma dernière ressource. Pendant ce tems 400 chevaux ennemis avaient passé la Fulde à gué et venaient par la porte de Francfort. Le moment était critique. Je me mis à la tête de mes gardes du corps, de deux escadrons de hussards ; je fis longer la rivière à mes grenadiers de la garde pour s'emparer du gué ; je sortis par la porte de Francfort. A peine avais-je fait deux cents pas, qu'un peloton d'avant-garde m'annonça que l'ennemi était en bataille devant lui. Je m'avançai de suite au galop pour le reconnaître ; mais le brouillard était si épais que je me trouvai au milieu de lui à pouvoir faire le coup de sabre ; je le fis charger aussitôt par le second escadron de hussards, pendant que je le faisais tourner par sa droite par les gardes du corps, afin de le rejeter sur les grenadiers qui occupaient déjà le gué. Cela me réussit; il fut mis en déroute, et les grenadiers en tuèrent un bon nombre. Ce mouvement força l'ennemi d'évacuer la partie de la ville qu'il occupait du côté de Léipsick, craignant que je ne la prisse à dos en passant moi-même le gué, ce que j'étais loin de vouloir faire, étant convaincu que cette avant-garde allait être fortement soutenue.

Après avoir ainsi dégagé la ville, je pris position à une demi-lieue en arrière avec mes gardes du corps, mon bataillon de grenadiers et 400 hussards, les seuls qui fussent en état de se tenir à cheval et de donner un coup de sabre. J'attendis dans cette position depuis dix heures que le combat avait cessé jusqu'à trois heures, espérant à chaque instant, mais en vain, de voir déboucher les colonnes des généraux Zandt et Bastineller. Ne les voyant point paraître, je renforçai les portes de la ville par une compagnie de chasseurs carabiniers et deux pièces d'artillerie, et comme l'ennemi remontait la Fulde pour pouvoir arriver à Wabern avant moi, je me repliai sur Jesberg, décidé à m'y tenir et à attendre la colonne française que je ne doutais pas que le duc de Valmy m'envoyât. Quel fut mon étonnement en recevant à dix heures du soir, par le retour de mon courrier, une lettre en réponse à la mienne, par laquelle le duc de Valmy m'annonce ne pouvoir prendre sur lui une pareille mesure. Dans cet état de choses, il ne me restait d'autre parti à prendre, ne pouvant point tenir chez moi ni compter sur des secours, que de me retirer vers Coblentz ; mais je ne passerai point le Rhin avant de connaître les intentions de V. M.

Je réunirai mes troupes à Wetzlar ;

j'aurais préféré rester avec elles à Marbourg; mais l'esprit public y étant très-mauvais, la désertion se mettrait parmi le peu de soldats qui me reste. Il est bien entendu, Sire, que si j'apprenais que quelque corps marchât pour me soutenir, je pourrais rentrer à Cassel dans peu de tems.

Mon régiment de hussards français (1) s'est conduit pendant toute la journée d'hier avec beaucoup de valeur. J'ai dû malheureusement en perdre beaucoup qui, n'ayant pas l'habitude du cheval, tombaient en chargeant l'ennemi.

Je suis, Sire,

De Votre Majesté

Le très-affectionné et dévoué frère,

JÉRÔME NAPOLÉON.

Wetzlar, le 29 septembre 1813.

---

(1) Ce régiment avait été donné au Roi Jérôme par son frère; mais il fut équipé et monté aux frais du pays. Les dépôts de deux régimens westphaliens, qui servaient comme auxiliaires dans l'armée française,

N°. II.

*A Monsieur mon frère S. M. le Roi de Naples, S. M. le Roi de Westphalie.*

(AUTOGRAPHE.)

Mon cher frère,

J'apprends que tu arrives aujourd'hui à Vach; cela m'inquiète; depuis un mois je suis dans une situation terrible. Dis-moi ce qui en est, si je dois me replier; car je n'ai avec moi que 4 à 5,000 conscrits. Comment se porte l'empereur? Ne me fais pas attendre la réponse; tu concevras mon anxiété (1).

Je t'embrasse comme je t'aime.

Ton bon frère,

Jérôme Napoléon.

*Cassel, le 25 octobre 1813, à deux heures après-midi.*

---

furent même forcés de céder leurs chevaux à ces nouveaux venus. On voit combien peu ceux-ci en surent faire usage, et l'on ne conçoit pas quels services ont pu rendre des hussards qui, dans chaque charge, tombaient de cheval.

(1) Afin que cette lettre lamentable n'inspire pas

N°. III.

## MORFONTAINE.

*Le Sénateur Comte Rœderer, Ministre Secrétaire d'Etat du grand-duché de Berg, à M. le Comte Dumas, Général de division, Intendant-Général de l'armée.*

Paris, le 29 septembre 1813.

Mon cher Général, j'ai reçu à Cher-

---

plus d'intérêt qu'elle n'en mérite; il suffira de citer les traits suivans. Depuis le dernier printemps, on a fusillé des individus dans le royaume de Westphalie pour de simples propos. Lors de la première prise de Cassel, la citadelle était comble de prisonniers d'état, c'est-à-dire d'honnêtes gens amis de leur patrie, lesquels furent tous délivrés par les généreux soins du général Czernicheff. Pendant les quinze jours de sa dernière résidence, le roi fit repeupler la prison d'état d'un grand nombre de détenus; on n'eut cependant pas le temps de leur faire leur procès, et à l'approche des alliés, le chef de la gendarmerie Bongars les relâcha. A son second départ, le roi Jérôme ne laissa que les murs des châteaux de Cassel et de Brunswick; il enleva l'ameublement, fourni par le pays et épargné par le général ennemi. Toutes les troupes allemandes ayant

bourg la lettre que vous m'avez fait l'honneur de m'écrire de Dresde le 18 août. J'ai voulu attendre, pour y répondre, que je fusse à portée de faire la commission dont elle me charge près du roi d'Espagne. J'ai passé les journées d'avant-hier et d'hier à Morfontaine ; j'ai lu à S. M. les six lignes où vous exprimez vos sentimens pour elle et vos vœux pour sa prospérité. Le roi y a paru fort sensible, et m'a chargé de vous en remercier. S. M. se porte fort bien ; elle est engraissée depuis son séjour à Morfontaine. On y mène la vie que vous y avez vue : on déjeûne

---

quitté le ci devant roi, quarante cuirassiers westphaliens de la garde du corps, par un excès de loyauté militaire, offrirent de l'escorter jusqu'au Rhin. Arrivés à Cologne, le roi Jérôme les renvoya non-seulement sans leur dire un mot d'adieu et sans rénumération quelconque, mais après les avoir dépouillés de leurs uniformes, armes et chevaux ; de sorte que ces braves gens, tous très-bien nés, et qui avaient dépensé leur propre argent au service, sont revenus auprès de leurs familles, sans le sou et dans le dénuement le plus complet.

dans quelque fabrique du parc, on chasse, on pêche, on navigue, on ne parle point d'affaires, on dîne, on joue au billard et on se couche. Le roi garde le plus sévère *incognito* pour tout le monde, et ne reçoit ni ministres, ni sénateurs, ni conseillers d'état, ni militaires, personne enfin. Vous sentez que sa position et l'absence de l'Empereur ont fait une sorte de nécessité de ce régime. La princesse Zénaïde est une petite personne toute ronde, toute formée, très-bien élevée, parlant avec beaucoup de raison et d'aplomb. On ne voit pas ce qui pourrait faire différer de lui donner un mari. L'autre est toujours grêle, mais spirituelle. Le Roi paraît s'accommoder de la vie privée; du moins y est-il fort à son aise, et comme s'il y était à son gré. Il a son ancienne aménité; la Reine toujours son tact, son coup-d'œil et sa raison assaisonnée de piquant sans venin.

Vous avez bien voulu me donner les

premières nouvelles de mon fils depuis sa captivité; cela m'autorise à vous en parler. Il m'a écrit du 19 juin. On se disposait à transférer les prisonniers dans l'intérieur : il espérait d'obtenir d'aller à Pétersbourg; mais s'il faut beaucoup prier pour cela, vous le connaissez, il ne le fera pas. Il se portait bien, recevait de l'argent que je lui faisais passer, mais jamais de mes nouvelles, ni de personne de France.

Recevez, mon cher général, les tendres assurances de mon inviolable attachement et de ma haute considération.

RŒDERER.

### N°. IV.

*A S. M. le Roi des Deux-Siciles, la Reine des Deux-Siciles* (1).

(LETTRE DE CABINET.)

SIRE,

Vos lettres de Volnitz et Freyberg sur

---

(1) Nous conservons les titres tels qu'ils sont écrits

les brillantes journées des derniers jours d'août, auxquelles vous avez pris une part si glorieuse, me sont arrivées le 8 septembre, au moment où j'allais m'embarquer pour le petit voyage que j'avais projeté dans le Golfe; et c'est au bruit des salves que vous aviez ordonnées, que je suis montée à bord, heureuse de vos succès, et ce qui mettait le comble à ma joie, sans trouble et sans inquiétude sur votre santé. La mienne n'a pu résister long-temps à l'épreuve de la mer, qui bientôt est devenue mauvaise. Mes efforts pour en triompher n'ont pas réussi; et après avoir inutilement lutté contre le vent sur la côte de Sorrento, j'ai pris terre le soir à Castellamare, dans un état de faiblesse et d'épuisement dont je puis vous parler

---

sur les envelloppes. Comme cependant l'ancienne famille royale, encore en possession de la Sicile, conserve également, et avec plus de raison, le titre de *Roi des Deux-Siciles*, cela produit une singulière multiplication de cette île.

à présent que j'en suis bien remise. Le prince royal a été plus heureux dans la promenade que je lui ai fait faire, il y a deux jours, par le plus beau temps du monde, il est vrai. Le plaisir qu'il y a pris, n'a été troublé par aucune espèce d'indisposition. Ce sera demain le tour du prince Lucien et des princesses, et comme la mer promet d'être aussi belle, j'espère le même résultat de leur voyage. La duchesse de Corigliano était du mien ; il n'y avait d'ailleurs d'étranger que le comte de Rohan-Chabot, chambellan de l'Empereur, jeune homme du caractère le plus doux et le plus aimable, mais d'une bien misérable santé, dont il est venu chercher ici le rétablissement.

J'ai fait, suivant vos intentions, chanter un *Te Deum*. Les réparations de la chapelle n'étant pas encore terminées, la cérémonie a eu lieu le 12 à Sainte-Claire. Elle était noble et imposante.

J'envoie à V. M. le travail des ministres,

avec les états et rapports ordinaires, et quelques demandes particulières sur lesquelles vous aurez à prononcer.

J'y joins trois rapports de l'intendant général. Il établit dans l'un d'eux la nécessité d'une augmentation de 350,000 f. au fonds de réserve du budget. Les deux autres sont accessoires et rentrent dans les dispositions du premier. Il est à souhaiter que V. M. veuille statuer promptement sur cette demande de l'intendant ; car il est telle dépense, celle de bouche par exemple, sur laquelle je serais bien forcée de prévenir sa décision, ce qu'en tout je suis jalouse d'éviter.

Il est nécessaire aussi que vous veuillez m'indiquer sur quel fonds je dois assigner le paiement de 80,000 francs environ de dépenses faites pour votre service à Paris par Belleville. M. de Campomele, en me demandant de faire acquitter cette somme, réclame aussi le paiement de l'assignation mensuelle qui lui est attribuée pour les frais de votre toilette; je lui ai dit de vous en écrire et j'attendrai votre consentement pour faire régulariser et liquider tout cela.

Les officiers français qui ont reçu l'autorisation de rester à notre service, commencent à s'inquiéter des dispositions du décret impérial qui, sous peine de déchéance, fixe le 1$^{er}$. janvier prochain comme terme de rigueur pour retirer les lettres-patentes. L'Empereur avait eu la bonté de me promettre que les nôtres seraient affranchis du paiement de ces lettres. J'invite V. M. à profiter de sa situation auprès de S. M. T. pour en obtenir la confirmation de cette faveur.

J'ai déja reçu de M. Livron quelques rapports assez satisfaisans sur l'inspection dont je l'ai chargé; quand sa tournée sera faite, j'en mettrai les résultats sous les yeux de V. M.

Nous venons d'essuyer encore un vol assez considérable de deniers publics dans la vallée de Bovino; quelques mesures ont été prises déja pour assurer les Procacci, mais je n'en suis pas satisfaite, et je m'occupe de leur donner plus de force et d'étendue.

J'avais demandé quinze mille fusils au duc de Feltre; je vous envoie copie de la réponse que j'en ai reçue. Ne pourriez-vous essayer auprès de l'Empereur une tentative pour en obtenir? V. M. sait combien un secours de cette espèce nous serait nécessaire.

Mes dépêches vous sont portées par les aides-de-camp du général Dumont qui les appelle auprès de lui. Dans le vif intérêt que m'inspire son état, je n'ai pas cru le refus possible, et j'ai la confiance d'avoir pressenti vos intentions.

*Naples, le 18 septembre 1813.*

CAROLINE.

N°. V.

(INCLUSE.)

*Ministère de la guerre,* 6ᵉ *division.*
*Artillerie.*

*Paris, le 7 septembre* 1813.

MADAME,

J'ai reçu la dépêche que V. M. m'a fait l'honneur de m'adresser le 23 du mois dernier, et qui est relative à une demande de 15,000 fusils. J'ai soumis cet objet à la décision de S. M. l'Empereur et Roi qui m'a précédemment prescrit de ne céder des armes aux puissances alliées que lorsque le prix de celles qui ont été antérieurement fournies aurait été soldé. V. M. est informée qu'il n'a encore été rien payé sur la valeur des 10,000 fusils que j'ai mis l'année dernière à sa disposition.

D'un autre côté, je ne pourrais disposer pour l'armement des troupes des puissances alliées que de 6000 fusils étrangers de bon service, qui existent à l'île d'Elbe et à Mantoue, et ce sont les seuls que je puisse mettre à la disposition de V. M.

Je prie V. M. de me faire savoir si, à défaut de fusils français neufs, elle consentira à prendre ces fusils étrangers à raison de 21 fr. l'un.

Je suis avec respect, Madame,
De Votre Majesté,
Le très-humble et très-obéissant serviteur,
Le ministre de la guerre,
(*Signé*) Le duc de Feltre.

## N°. VI.

*A S. M. le Roi des Deux-Siciles, la Reine.*

(AUTOGRAPHE.)

Mon ami, je t'envoye par les aides-de camp du général Dumont le travail des ministres; j'ai pensé que tu serais bien aise que ce malheureux général reçût cette consolation d'avoir près de lui ces jeunes officiers auxquels il s'intéresse, et qui le soigneront jusqu'à ce qu'il soit en état de revenir ou de te rejoindre. D'ailleurs, ils m'ont assuré que tu avais donné ton consentement et que c'était avec ta permission que le général Dumont les demandait. Je les ai donc laissé partir. Ils te remettront une boîte de jus de réglisse pour l'Empereur. Présente lui mes respects. Nous avons appris avec bien de la peine l'affaire du général Vandamme : mais l'Empereur sait tout réparer et rien ne peut lui résister. J'ai lu, ou plutôt nous avons lu avec attendrissement ton rapport à l'Empereur. Mon ami, comment veux-tu que je sois tranquille ! Je ne puis te dire combien je suis triste depuis quelques jours. Je ne puis me rendre compte du pourquoi, car j'espère ton prompt retour et la paix ; cependant plusieurs choses y ont contribué. D'abord le long tems où l'on est resté sans recevoir de détails sur la bataille; ton silence, la privation que tu éprouvais par la blessure du général Dumont; enfin mon voyage qui m'a rendue malade au point que, sans le ministre des finances (1) qui ne m'a pas quittée et a pris sur lui de donner les ordres pour mon débarquement, ce que je n'avais pas la force de faire, et que personne n'eût osé prendre sur soi, je crois que j'y serais morte. Le pauvre Monchelet en a été la victime; car en me voyant si faible, et n'ayant trouvé ni chevaux, ni voiture, il a voulu monter la montagne à pied, malgré une pluie affreuse, pour me préparer un bouillon dont j'avais grand besoin, et ce malheureux homme a pris une fluxion de poitrine, fièvre putride, maligne; bref il a été emporté en deux jours, avant, pour ainsi

--

(1) Le comte de Mosbourg dont on va lire une longue dépêche. La reine ne sera peut-être pas toujours aussi contente de ses soins.

dire, qu'on ait su qu'il était malade. Cela m'a frappé; il était depuis si longtems à nous et était un si brave homme, si zélé, que je n'ai pu me défendre d'une certaine impression de tristesse. J'ai presque regretté ce malheureux voyage qui depuis huit jours fait le bonheur des princes et princesses. Le prince royal a été avant-hier faire un tour de promenade dans le golfe sur le même vaisseau : il est revenu dans l'enchantement. Les princesses doivent y aller demain, et se promettent le même plaisir, avec Lucien qui est leur chevalier.

Je ne sais pas si tu reçois mes lettres, mais je t'écris bien souvent. Tout est parfaitement calme et tranquille, et je désire que tu le sois aussi. Ma santé n'est pas très-mauvaise; celle de tes enfans est excellente. J'ai bien recommandé à Campomelle de t'envoyer tout ce dont tu pouvais avoir besoin. J'espère qu'il l'aura fait et que tu ne manqueras de rien. Je l'ai fait faire des bottes de feutre que je t'envoye ; cela te sera commode pour la voiture. Je t'envoye aussi l'épée du général Dumont. Adieu, mon ami, ménage-toi, je t'en supplie, et pense à nous. Je t'envoye une lettre que je te prie de lire ; elle est du jeune Guibon que je t'ai recommandé. Tu verras combien il désire seulement te voir : si tu veux le faire demander, tu le rendras bien heureux ; tu trouveras dans sa lettre tous les renseignemens. Je te répète toujours la même chose, mais je sais que ton bonheur est de t'occuper de celui des autres, et tu ferais celui du père et du fils. Adieu, mon ami, je t'embrasse comme je t'aime.

CAROLINE.

J'oubliais de te parler d'une chose qui a fait un assez singulier effet. Ton courrier est arrivé au moment où j'allais monter dans le vaisseau, et le hasard fit que je rencontrai le courrier et lui parlai moi-même. Je lui demandai s'il avait d'autres lettres; il me dit que non; de sorte que je dis aux Ministres qui étaient venus pour mes ordres, que tu n'avais écrit à aucun d'eux. Le lendemain ils m'apportèrent leurs lettres en me disant que le courrier m'avait trompée. On voulait que je le fisse punir pour m'avoir menti à moi-même, bien sûre que cet ordre ne pouvait émaner de toi; mais je n'ai pas voulu, me réservant de t'en parler, afin que tu susses seulement qui dans tes bureaux a osé donner un ordre aussi inconvenant; car, mon ami, il est essentiel de savoir tout ce qui s'écrit, et comme tu ne peux prendre cette peine, il faut que je la prenne. Par exemple, Julien a dit que l'on avait pris tant de drapeaux, tant de pièces de canon, tant de prisonniers, et il n'en annonçait pas le quart de ce que tu me disais (1); de

---

(1) Le quart était sans doute plus juste.

manière que le lendemain, quand on a lu le Moniteur, on a démenti avec la lettre de Julien ce que j'y avais fait insérer d'après ta lettre. Cela fait un mauvais effet et ôte la confiance (1). Que ces messieurs annoncent les victoires, rien de mieux; mais qu'ils ne donnent pas de détails, qu'ils ne spécifient pas des nombres qui se trouvent soit en plus, soit en moins, en contradiction avec ceux que je puis recevoir de toi. Prends garde à ceci; je n'en ai pas eu d'humeur, parce que je suis bien sûre que tu n'as été pour rien dans la conduite de ce courrier; mais c'est plus important que tu ne penses; fais-y attention.

(*Sans date.*)

---

(1) Oui, cela ôterait la confiance, s'il en existait encore ; mais depuis long-tems personne ne croit plus aux bulletins français.

N°. VII.

*La Reine des Deux Siciles à M. le Général Belliard.*

(AUTOGRAPHE)

*Naples, le 17 7bre.*

Monsieur le Général,

Je viens seulement de recevoir votre lettre qui me parle de l'arrivée du Roi à Dresde. Depuis il s'est passé bien des événemens, des victoires et des pertes, comme c'est l'ordinaire. La blessure du général Dumont va priver le Roi de ses soins, les vôtres vont lui devenir plus indispensables. Je le recommande donc de nouveau à votre zèle et votre attachement qui me sont si bien connus. Je vous prie, monsieur le Général, de modérer, s'il est possible, ce courage trop ardent qui doit l'exposer sans cesse, et encore j'y joindrai la demande de me donner souvent de ses nouvelles, car je ne puis me défendre de l'inquiétude que me cause la connaisance de sa témérité. Je sais tout ce que vous avez déjà fait, par les Généraux Excelmans et Lamotte. Je vous les recommande toujours. Je sais qu'ils sont attachés de cœur au Roi et que l'on ne peut que bien faire en les remettant dans les bonnes grâces du Roi.

Je compte sur vous, monsieur le Général, et j'aime vous renouveler l'assurance de mon constant intérêt.

CAROLINE.

## N°. VIII.

*La Reine des Deux Siciles à M. le Général Lanusse.*

(AUTOGRAPHE.)

*Naples, le 17 Sept.*

MONSIEUR LE GÉNÉRAL,

J'AI reçu vos deux lettres ; j'ai appris avec satisfaction votre élévation au grade de Général de Division. Je suis persuadée que vous justifierez cette nouvelle marque des bontés de l'Empereur pour vous. J'ai parlé au Roi avant son départ, et j'espère qu'il vous rendra ses anciennes bontés; vous les méritez par votre attachement à sa personne. J'ai des nouvelles de votre famille, je sais que vos enfants sont charmans et en bonne santé, ainsi que leur mère. J'attends le maréchal Pérignon d'un instant à l'autre, qui m'en apportera de plus détaillées. Soyez persuadé, monsieur le Général, du constant intérêt que je vous conserverai toujours.

CAROLINE.

Si vous voyez Excelmans, parlez lui de l'intérêt que je lui porte.

## N°. IX.

*Le comte de Mosbourg, Ministre des Finances à Naples, à S. M. le Roi des Deux Siciles.*

(AUTOGRAPHE.)

SIRE,

J'ATTENDAIS, avec une vive impatience, une occasion sûre pour exprimer à V. M. le chagrin que m'ont fait éprouver les premières lignes de sa lettre du 29 Août dernier; de cette lettre dont la suite devait être pour moi un sujet de joie, puisque j'y trouve, Sire, un tableau de vos nouveaux exploits, un nouveau monument de votre gloire. V. M. paraît avoir accueilli avec mécontentement ce que je lui disais dans ma lettre du — au sujet du parlementaire anglais qui avait porté à Naples trois familles napolitaines venant de Sicile; mais sans doute, Sire, je m'étais mal expliqué, ou V. M. avait perdu le souvenir de ce qu'elle m'avait fait l'honneur de me dire le jour de son départ. Je vous prie de vous rappeler, Sire, que vous m'aviez manifesté l'intention de prévenir la Reine que, peut-être, un parlementaire arriverait, parce qu'il avait été accordé à quelques familles de Naples l'autorisation de se rendre dans cette capitale. Vous aviez ajouté qu'afin de prévenir toute intelligence entre les Anglais et leurs agens secrets, vous recommanderiez à la Reine de choisir un homme de toute confiance qui, exclusivement, serait chargé des communications indispensables avec le parlementaire. Vous aviez même pensé que je pourrais être chargé de cette commission; mais je priai V. M. d'observer qu'elle ne paraissait pas de nature à pouvoir être remplie par un ministre, et que celui de la police pourrait être blessé de voir un de ses collègues employé pour un objet de son département. Ce fut là que s'arrêta notre entretien, dans ce jour fatal où tant de douleur déchirait mon âme. Je venais d'éprouver le malheur le plus affreux, et je voyais V. M. prête à s'arracher encore du sein de sa famille et de ses sujets pour aller affronter de nouveaux dangers.

Lorsque le parlementaire arriva, j'étais persuadé que la Reine avait reçu vos instructions. Je fus sur le point de lui en parler) mais ayant rencontré le ministre de la Police, il me fit entendre qu'il avait des ordres particuliers. Alors je compris que V. M. n'avait pas exécuté le projet dont elle m'avait fait part, et je gardai le plus profond silence.

Cependant j'eus la certitude que beaucoup de lettres arrivées par le parlementaire avaient été distribuées dans la ville, et le Ministre de la police m'ayant dit qu'il n'avait pas reçu deux dépêches que je savais avoir été apportées pour lui, je craignis qu'on n'eût employé son nom pour couvrir quelque correspondance illicite.

Nous étions dans un moment où l'opinion paraissait prendre une direction très-redoutable. Votre départ avait été pour tous les amis du gouvernement un signal d'alarme et pour tous ses ennemis un signal d'espérance. Un grand nombre de personnes se croyant compromises, semblaient portées à prendre un parti pour leur salut. Toutes ces circonstances me déterminèrent à vous demander, Sire, d'établir, sur des objets d'un si haut intérêt, une surveillance dont les soins ne pussent jamais en être détournés.

Les choses sont aujourd'hui un peu changées. Les nouvelles des victoires de la grande armée, l'éclat de vos grandes actions personnelles dont les Napolitains s'énorgueillissent, quelque vague espoir de paix ; tout cela a semblé relever et rectifier l'opinion. Mais il ne faut pas s'y tromper : V. M. connait ses sujets ; autant les impressions auxquelles ils se livrent sont vives, autant elles sont passagères. Ils s'exaltent avec enthousiasme. Ils s'inquiètent avec facilité. Votre présence leur inspire une telle confiance que V. M., quand elle est dans ses états, peut dans tous les événemens compter sur eux; votre absence les décourage, au point qu'ils n'osent pas assez compter sur eux-mêmes. Il faut donc s'attendre que s'il survenait des changemens sur le théâtre de la guerre, il y en aurait dans votre royaume comme dans le reste de l'Italie. Un grand nombre de braves gens vous seraient fidèles; mais ils ne le seraient peut-être pas avec assez d'énergie, se voyant privés de l'appui qui fait leur force. Les mal-intentionnés seraient, au contraire, pleins d'audace; ils seraient excités par les intrigues et par l'or de l'ennemi. C'est pour de tels momens, Sire, que les moyens les plus étendus pour veiller à la sureté de l'état, doivent être dans les mains les plus intéressées à sa conservation. C'est pour de tels momens que la sûreté de vos enfans doit être confiée à des personnes qui ne veuillent et qui ne puissent que périr plutôt que de laisser les dangers arriver jusqu'à eux. Je suis persuadé que la victoire accompagnera constamment l'Empereur et V. M.; mais, si le cours des brillans succès qui ont signalé le commencement de la campagne, venait à s'interrompre, veuillez, Sire, calculer combien alors notre situation deviendrait difficile, et ne voyez que le désir de vous servir dans le désir d'avoir en main les moyens de prévenir tout ce qui pourrait la rendre plus périlleuse encore.

Ce que je disais tout à l'heure à V. M. de la promptitude avec laquelle on voit quelquefois changer ici l'opinion et la disposition des esprits, peut être remarqué dans ce moment. Il y a peu de jours, qu'à la nouvelle des événemens du 26 et du 27, on montrait le plus grand enthousiasme, on manifestait les plus belles espérances, on s'empressait de se rallier au gouvernement; mais des nouvelles moins favorables ayant transpiré, on les accueille presque avec autant d'avidité que les bonnes : on les exagère; les mauvais discours se multiplient; les mal-intentionnés montrent de la hardiesse; les gens de bien s'alarment et se taisent; la multitude suit, comme toujours, les mouvemens de ceux qui parlent le plus haut.

Nous nous flattons que bientôt de nouveaux avantages viendront changer cette fâcheuse direction des esprits, qui n'est pas encore bien marquée, mais que les observateurs attentifs aperçoivent aisément.

La lecture du rapport de V. M. à l'Empereur sur les journées du 26 et du 27 sera un utile moyen de réveiller tous les sentimens qui attachent les Napolitains à V. M. La reine le reçut avant hier : elle l'a déjà fait lire à un grand nombre de personnes ; un grand nombre d'autres le liront encore ; ceux qui ne pourront pas le lire voudront qu'on leur en parle (1). Ce sera pendant quelques jours l'objet de l'attention publique.

La lecture de ce rapport m'a rendu presque témoin de vos combats, Sire, tant il présente avec clarté le tableau de

---

(1) On n'a donc pas jugé à propos de publier ce rapport, qui ne se trouve inséré ni dans le Moniteur de Paris ni dans le Moniteur napolitain.

tous les mouvemens que vous avez fait exécuter avec un si prodigieux succès. Mais comment ne pas frémir en vous voyant au milieu de tant de périls ! Partout on accuse V. M. de s'exposer comme si elle n'avait pas des enfans, des sujets, des soldats, pour qui elle doit se conserver. Les lettres qui viennent de l'armée et celles qui viennent de Paris sont pleines de ces reproches qu'on vous adresse avec des sentimens d'admiration et d'effroi.

Les militaires napolitains ne s'entretiennent que de vos grands travaux guerriers et des regrets qu'ils éprouvent de ne pas les partager ; ils s'indignent de leur oisiveté (1) et de leur sécurité, quand leur souverain est au milieu des combats.

Les troupes de V. M. s'exercent journellement : elles doivent être maintenant très-instruites ; elles sont aussi bien habillées ; mais il y a bien à craindre que

---

(1) Phrase de Racine. Nous connaissons mieux les Napolitains.

l'administration des corps n'ait pas fait de très-grands progrès, et il en résulte de graves inconvéniens pour la discipline. On assure qu'il se commet dans certains régimens des dilapidations, et que les soldats en souffrent.

Le nombre des armes est bien peu proportionné à celui des hommes. Le général, chef d'état-major, me disait hier que l'effectif des troupes de ligne était d'environ 46,000 hommes ; les hommes présens environ 39,000, les hommes armés 30,000 : ainsi il manquerait pour les hommes présens à peu près 9,000 fusils, et pour l'effectif 16 à 17,000 ; et, en cas de guerre, il n'y aurait aucun moyen de remplacer les armes qui se perdent ou qui se brisent dans les combats.

V. M. ne pourrait elle pas obtenir de l'Empereur des fusils ? On tient à conserver dans les arsenaux de l'empire ceux de fabrique française ; mais on en a une assez grande quantité de fabrique étrangère que l'on céderait avec plus de facilité ; si V. M. en demandait quinze ou vingt mille, ils ne lui seraient pas, sans doute, refusés.

Le brigandage ne diminue pas, et les finances soutiennent contre les brigands une guerre fort désavantageuse. Il y a quelque tems que, sur la route de Lagonegro à Salerne, un *procaccio* fut enlevé avec une somme d'environ 20,000 livres appartenant au trésor. Il y a huit jours que, sur la route de Foggia au pont de Bovino, un receveur qui marchait escorté de quinze hommes, fut assailli et tué avec un homme de l'escorte par les brigands, qui s'emparèrent de 80,000 liv. Ces succès les enhardissent, enflamment leur cupidité et leur donnent les moyens de se recruter, ainsi que de se faire des prosélytes dans les campagnes. Un très-mauvais esprit règne toujours à Rome (1). On

---

(1) Ah ! les monstres ! ils sont attachés à leur souverain légitime, qui en même tems est leur père spirituel.

y a affiché des placards qui portaient une censure amère des bulletins de l'armée, et déclaraient qu'ils n'étaient destinés qu'à tromper les gens crédules sur les événemens de la guerre. On doit s'attendre à des mouvemens dans l'ancien état romain, si une force imposante ou des nouvelles heureuses n'y contiennent pas une population mécontente et fanatique.

Les Siciliens sont dans une grande agitation; ils sont remplis d'exaspération contre les Anglais : ceux-ci n'ont pas à se louer du parlement qu'ils ont créé. Ce parlement ingrat se prononce avec énergie, et quelquefois avec violence, soit contre eux, soit contre tout ce qui leur est dévoué.

Le prince d'Esterhazy a demandé d'être autorisé, pour sortir du royaume, à se rendre à Brindisi, où il frêtera, dit-il, un bâtiment afin de se rendre dans un port de l'Albanie, et de là passer en Hongrie. Je crois qu'il veut se ménager par là un moyen de voyager dans l'intérieur du royaume, et qu'il se flatte que, la paix se faisant avant qu'il ne soit embarqué, il pourra revenir à Naples, dont on dit que le séjour lui plaît beaucoup. Je ne suis pas informé que le comte de Mier ait fait aucune demande.

Le rapport sur la situation des finances à la fin d'août ne pourra être prêt que vers le 22 ou le 23 de ce mois, à cause des états qu'il faut attendre des provinces. J'aurai l'honneur de l'adresser à V. M. par le premier courrier.

La santé de la reine paraît, depuis quelques jours, assez bonne ; celle des princes et des princesses continue d'être excellente.

Je suis avec le plus profond respect,
Sire,
De Votre Majesté,
Le très-fidèle et très-dévoué serviteur et sujet, Comte de MOSBOURG.

*Naples, le 18 septembre 1813.*

N°. X.

*L'Archi-Chancelier de l'Empire à S. M. l'Empereur et Roi.*

Sire,

Les Ministres de V. M. se sont réunis aujourd'hui au palais de Saint-Cloud, en présence de S. M. l'Impératrice Reine et Régente.

Cette séance n'a présenté rien de bien remarquable.

Je vais rendre un compte sommaire à V. M. des rapports les plus importans.

Le Grand-juge continue à présenter les candidats pour les places de juges auditeurs dans le ressort des Cours impériales. S. M. l'Impératrice a signé les premiers décrets et signera ceux qui seront remis aujourd'hui.

Il est question de pourvoir à plusieurs places de maires et d'adjoints, qui sont devenues vacantes depuis quelques mois. Le Ministre de l'intérieur propose une liste de candidats. L'ordre de service n'ayant pas déterminé si les nominations seraient faites par la Régente, nous avons estimé qu'il était à propos de réserver pour V. M. la disposition de la mairie des bonnes villes, et par exception, celles de quelques autres villes, telles que Versailles qui est une résidence impériale, et Liège qui, sous divers rapports, peut être de quelque importance.

Dans les rapports du Ministre de la guerre, il y a pour la signature de S. M. l'Impératrice des objets généraux, des soldes de retraite, et des objets personnels. Dans les objets généraux, nous avons renvoyé au Conseil d'état la proposition de modifier le décret du 16 juin dernier sur le dépôt des bouches à feu que les armateurs sont tenus de faire dans les arsenaux de terre et de mer.

Parmi les soldes de retraite, il s'en est trouvé trois pour des colonels qui, n'ayant point été réglées par des décrets antérieurs, seront données à V. M. Quant au personnel, nous avons vérifié que les sujets proposés réunissaient les conditions requises.

Un vieil évêque *in partibus*, âgé de 84 ans, meurt de faim à Rome. Les autorités locales demandent pour lui un secours, et le Ministre des cultes propose de lui accorder une pension de 1200 fr. Cette proposition est infiniment favorable; mais comme il s'agit d'une disposition de fonds, le rapport sera compris dans l'envoi.

Tous les six mois V. M. accorde aux agens judiciaires du trésor, des centimes qui leur sont distribuées sur les recouvremens opérés sur les débets. Le comte Mollien a présenté le projet de répartition de la somme à distribuer, laquelle est d'environ 69,000 fr. Cette disposition étant de droit, le projet de décret sera présenté à la signature de S. M. l'Impératrice.

Nous avons réservé pour V. M. un rapport du Ministre des finances sur la demande du général Meynier, tendante à obtenir la remise d'une somme de 32000 francs, dont il est redevable sur le prix d'une maison revendue à sa folle enchère.

Les Ministres du commerce, de l'administration de la guerre, de la police et de la marine n'ont présenté que des affaires qui ne sont susceptibles ni de remarques ni d'observations.

Avec l'autorisation de l'Impératrice, le sieur Mahé de Villeneuve, auditeur au Conseil d'état, a été désigné pour aller cette semaine avec le porte-feuille au quartier-général.

Je suis avec un profond respect,
Sire,
De Votre Majesté Impériale et Royale,
Le très-obéissant, très-dévoué et très-fidèle sujet et serviteur,
L'Archi-Chancelier de l'empire,
CAMBACÉRES.

*Paris, le 29 septembre 1813.*

N°. XI.

*L'Archi-Chancelier de l'Empire à S. M. l'Empereur et Roi.*

Sire,

J'ai reçu ce matin la lettre que V. M. m'a fait l'honneur de m'écrire d'Harlau le 24 du courant.

Elle m'a procuré un grand bonheur, ayant été dix-huit jours sans recevoir des nouvelles directes de V. M.

Les communications se trouvant interrompues, il n'y a point eu à s'étonner de ne point avoir de lettres (1). Mais le public qui raisonne peu ou mal (2), sup-

---

(1) Réflexion profonde ! Sans doute il ne peut point arriver de lettres lorsque les communications sont interrompues. Ces deux phrases sont synonymes. Mais ce qu'il y a d'étonnant, c'est que vos communications aient pu être coupées à la barbe de votre grande armée et sur votre grande route militaire, où vous étiez encore maître de toutes les places. Cela fait le plus grand honneur à la hardiesse et au talent des troupes légères des alliés.

(2) Le public raisonne beaucoup et fort bien ; il ne

posait que cette suspension dérivait du mauvais état des affaires, et présageait des malheurs dont heureusement nous avons été garantis.

D'après ce qui m'est parvenu du duc de Bassano, ou par quelqu'autre voie, je vois que V. M. a purifié tous les défilés des frontières de la Saxe, et paralysé tous les mouvemens tentés par l'ennemi pour opérer une nouvelle invasion.

V. M., dans sa lettre, suppose que j'ai reçu les pièces sur la déclaration de l'Autriche, etc. J'ai déjà rendu compte de cet objet à V. M. dans ma lettre du 22. Il suffira donc de lui rappeler que les deux premières expéditions ont été perdues (1),

---

s'est trompé dans aucune de ses conjectures. C'est vous qui déraisonnez pour flagorner votre maître.

(1) Ces pièces ont été lues au Sénat dans la séance du 4 octobre, et on a dit que leur communication avait été retardée par des circonstances accidentelles. En voici l'explication : Ces circonstances accidentelles, c'étaient nos cosaques.

que le *triplicata* est arrivé et m'a été présenté par M. de la Besnardière, mais que ces pièces étant très-volumineuses, la copie n'a pu encore être terminée. J'ajoute que n'ayant reçu aucun ordre ni instruction de V. M. sur les communications à faire au Sénat, j'attendrai, pour faire usage de ces pièces, que V. M. veuille bien me faire connaître ses intentions sur les divers points que j'ai pris la liberté de lui soumettre; je lui demande de nouveau ses ordres à ce sujet.

Quelques articles que le ministre de la police a fait mettre dans les petits journaux, et les dernières notices du moniteur, ont contribué à améliorer l'opinion. On commence à reconnaître que la plupart des faits répandus ces jours derniers sont controuvés.

Quant à la baisse qu'ont éprouvée depuis quelques semaines les effets publics, elle est essentiellement le résultat de quelques spéculations (1), et de la tendance naturelle qu'ont les gens à argent à s'effrayer et à voir les choses en noir.

Je suis avec le plus profond respect,
Sire,
De votre Majesté impériale et royale,
Le très obéissant, très-dévoué et très-fidèle sujet et serviteur,
L'archi-chancelier de l'Empire,
CAMBACÉRÈS.

*Paris, le 29 septembre 1813.*

---

N°. XII.

*Le Prince archi-trésorier à S. M. l'Empereur et Roi.*

SIRE,

Tout est tranquille ici (2), et le sera,

---

(1) L'agiotage peut avoir quelque part dans la baisse des fonds ; mais la cause réelle de cette baisse est la crainte d'une nouvelle banqueroute qui est infaillible, si le gouvernement persiste à faire la guerre à l'Europe entière, les recettes extérieures étant taries.

(2) Nous verrons par les lettres particulières quelle était la nature de cette tranquillité. Il paraît que l'ar-

s'il ne nous vient rien du dehors (1). Il y a toujours variation dans les fonds publics, mais toujours ordre dans l'administration.

Le préfet des Bouches-de-la-Meuse est malade, et peut-être le sera sérieusement. Il n'a malheureusement personne à qui il donne sa confiance, et les affaires languiront un peu.

Hommage et respect.     Le Brun.

*Palais du Bois, ce 29 septembre 1813.*

## N°. XIII.

*Le Prince archi-chancelier de l'Empire à S. E. M. le duc de Bassano.*

*Paris, le 29 septembre 1813.*

Monsieur le duc,

J'ai reçu hier vos lettres des 21 et 23.

---

chi-trésorier trouvera toujours Paris tranquille, jusqu'à ce que la populace vienne piller son palais.

(1) Il est difficile d'assigner un sens précis à cette phrase. Entend-il par ce qui pourrait venir du dehors,

Aujourd'hui, je reçois celle que V. E. m'a écrite le 18.

Les communications ayant été interrompues, je vois que vous avez été forcé de suppléer aux estafettes par des voies extraordinaires.

Tout annonce que les partis ennemis sont ou ne tarderont pas à être dispersés, en sorte que la correspondance reprendra le cours ordinaire.

En attendant, monsieur le duc, je vous sais un gré infini de toutes les nouvelles que vous avez l'attention de me donner, et particulièrement de celles de la santé de S. M. l'Empereur. J'ai déjà dit à V. E. que c'était par des renseignemens positifs qu'on pouvait faire cesser les mauvais bruits, qui prennent presque toujours leur source dans les lettres du commerce.

---

des mouvemens dans les départemens, ou les revers de la guerre. Dans ce dernier cas, l'archi-trésorier est bien difficile à contenter en fait de mauvaises nouvelles, si celles qu'on pouvait savoir à Paris jusqu'au 29 septembre ne lui suffisaient pas encore.

Vous m'annoncez, monsieur le duc, dans votre dépêche du 23, que vous adressez à M. de la Besnardière un *quadruplicata* des pièces relatives à la déclaration de guerre de l'Autriche et de la Suède, et ce pour suppléer aux autres expéditions que vous supposez perdues. En effet, les deux premières l'ont été, mais le *triplicata* est arrivé et m'a été présenté par M. de la Besnardière, ainsi que je vous l'ai annoncé par ma lettre du 22 de ce mois. Ces pièces n'étant point encore copiées, n'ont pu m'être remises. Je ne puis d'ailleurs en faire usage qu'après avoir reçu des ordres de l'Empereur sur les communications à faire au Sénat, et sur les points accessoires de cette communication. A cet égard, monsieur le duc, je ne puis que me référer au contenu de mes lettres des 22 et 26, et vous inviter de demander à S. M. de vouloir bien me faire connaître ses intentions.

Je vous renouvelle, monsieur le duc, l'expression de mes sentimens d'attachement et de haute considération.

Le prince archi-chancelier de l'Empire,

CAMBACÉRÈS.

## N°. XIV.

*Notes journalières du prince Camille, gouverneur-général, à S. M. l'Empereur.*

Turin, le 28 septembre 1813.

A l'exemple de ce qui a été fait tout récemment dans le département du Pô, le préfet de celui du Taro désire s'occuper de l'extinction des dettes des hospices de Plaisance, au moyen de la vente des maisons urbaines de ces établissemens, sorte de propriété qui, en mains mortes, ne rapporte jamais que peu de chose et occasionne toujours de grands frais. Cette opération a réussi ici au-delà de notre attente. D'après l'autorisation du Gouvernement, les maisons urbaines des hospices de Turin ont été vendues et payées en rescriptions de créances sur ces hospices. Le résultat des ventes a été de solder toutes les dettes de la nature de celles qu'on voulait éteindre par ce moyen et de laisser en outre à la disposition de la commission administrative une somme très-considérable, provenante des profits obtenus par la chaleur des enchères.

Je suis, Sire, de Votre Majesté,
Le très-humble, très-dévoué, et très-fidèle sujet,

CAMILLE.

# DIPLOMATIE.

# DIPLOMATIE.

## N°. I.

*Le Comte d'Hédouville, ministre de France à Francfort, à S. Exc. M. le duc de Bassano.*

Francfort s.—M., le 1<sup>er</sup> octobre 1813.

MONSEIGNEUR,

J'ai l'honneur d'informer V. Exc. que le Grand-Duc s'est décidé subitement à partir d'Aschaffenbourg pour Constance, dans le milieu de la nuit dernière. Le grand-maître de sa cour, baron de Ferette, est venu aujourd'hui m'apporter une lettre de S. A. contenant ces mots : « Je suis en route pour Constance où » m'appellent les devoirs de l'épisco- » pat (1). Je passe par Carlsrhue, Fri-

---

(1) Si l'archi-chancelier de l'Empire, prince primat, grand-duc de Francfort, M. de Dalberg enfin,

» bourg et Morsbourg. Je vous prie de
» réitérer à mon bienfaiteur, l'auguste
» Protecteur de la Confédération du
» Rhin, que je lui reste fidèlement atta-
» ché jusqu'à la mort. »

Il paraît que ce prince a conçu l'idée qu'on cherchait à le faire enlever par des partisans, et qu'étant maître de sa personne on s'efforcerait à le détacher de la

---

avait été toujours aussi zélé pour ses fonctions épiscopales, qu'il feint de l'être dans sa terreur, il serait aujourd'hui dans une situation moins déplorable. M. de Dalberg, élu de bonne heure coadjuteur du siége métropolitain de Mayence et du siége épiscopal de Constance, prôné depuis long-tems en Allemagne comme un philosophe sous la mitre, un philantrope, un protecteur de toutes les idées libérales, a mal soutenu l'épreuve de ces tems orageux. Quand on est placé aussi haut, on doit remplir ses devoirs ou périr à son poste. Issu d'une des plus illustres familles de la chrétienté, réunissant en sa personne la double dignité d'un prince souverain et d'un chef de l'église, il avait plus de moyens qu'aucun autre pour s'opposer au bouleversement de toutes les institutions sacrées. A la paix de Lunéville, sa dignité survécut à la chute des

Confédération. Quoique M. le baron d'Eberstein ait attendu, pour l'instruire de ce qui se passait en Westphalie, des renseignemens plus précis que ceux qui étaient donnés par les fuyards dans le premier moment d'alarme; quoique ce ministre lui ait communiqué des nouvelles moins effrayantes dans la journée d'hier, S. A. avait déjà pris secrètement son

---

trois antiques électorats ecclésiastiques; mais M. de Dalberg déserta successivement la cause de l'empereur d'Allemagne, celle de l'Empire, celle du Pape, enfin celle de sa propre principauté, puisqu'il consentit à désigner pour son successeur un étranger, fils adoptif de Buonaparte, tandis que tous les traités garantissaient la durée d'une souveraineté ecclésiastique en Allemagne. Dans ses mandemens, il a approuvé le dépouillement du Saint-Siége; il a imputé au Saint-Père martyre la scission dans l'église; et évêque catholique, il a continué d'être le serviteur officieux de Buonaparte excommunié. On ne demandera plus au couronnement de l'Empereur germanique : N'y a-t-il point de Dalberg? jusqu'à ce qu'un autre membre de cette famille efface le souvenir de tant d'actions indignes.

parti, à ce qu'on croit, d'après des avis qui lui auraient été adressés d'ici par estafette dans la nuit du 29 au 30 septembre. On lui avait donné comme certain que les partisans se montraient déjà à Giessen du côté de la Westphalie et vers Fulde par Eisenach. En même tems le départ de M. le duc de Castiglione de Wurtzbourg lui avait fait craindre d'être tout-à-fait à découvert de ce côté, et les inquiétudes qu'il avait sur les dispositions de la Bavière ont achevé de frapper son esprit, en sorte qu'il ne s'est pas cru à l'abri d'un coup de main dans sa résidence d'Aschaffenbourg.

Je réponds à S. A. que si elle avait communiqué ces inquiétudes à M. le duc de Valmy et à moi, nous aurions pu lui donner des notices plus exactes, et que probablement elle ne se serait pas déterminée à un départ aussi précipité, dont l'effet sur l'esprit du peuple peut être fâcheux dans la conjoncture présente.

J'ai l'honneur d'être, avec un profond respect,

 Monseigneur,
  De Votre Excellence,
Le très-humble et très-obéissant serviteur,

 Tʜ. Cʜ. Cᵗᵉ. ᴅ'Hᴇ́ᴅᴏᴜᴠɪʟʟᴇ.

———

N°. II.

*Le Comte de Mercy Argenteau, ministre de France à Munich, à S. E. M. le Duc de Bassano.*

Munich, le 28 septembre 1813.

Mᴏɴsᴇɪɢɴᴇᴜʀ,

Je viens de recevoir la lettre de V. E. du 19, contenant le précis des dernières opérations qui ont eu lieu pour jeter de nouveau l'ennemi en Bohême. Je me suis empressé de communiquer ces détails au roi qui les a appris avec beaucoup d'intérêt et je n'ai point différé de les faire parvenir au général de Wrede.

Plus V. E. me donnera de détails sur les événemens et plus elle me fournira de moyens pour contrebalancer les bulletins autrichiens qui sont répandus à tout moment sur la ligne de l'armée bavaroise, et dont il est fait des envois anonymes dans l'intérieur. Les derniers, par exemple, proclamaient comme victoire ces mêmes événemens qui ont rejeté en Bohême dans le plus grand désordre les armées coalisées. Ils disaient qu'à l'affaire chaude du 19 près de Péterswalde, les Prussiens avaient pris sur nous trois drapeaux et sept canons, et que, ce même jour, le général Creusel avait été fait prisonnier avec 3000 hommes. Ils ont également annoncé la prise de Trieste et différens combats qu'ils doivent avoir livrés à leur avantage contre l'armée du prince vice-roi.

L'introduction des journaux de Vienne est interdite. On surveille autant que possible la rédaction de ceux du royaume.

Le gazetier de Bayreuth seul s'est permis quelques incartades dont il sera sévèrement réprimandé, et peut-être perdra-t-il son privilége.

(*Suivent* 12 *pages en chiffres.*)

Agréez, monseigneur, l'hommage de mon respectueux dévouement,

Le Comte DE MERCY ARGENTEAU.

## N°. III.

*Le Comte de Mercy Argenteau, Ministre de France à Munich, à S. E. M. le Duc de Bassano.*

*Munich, le* 29 *septembre* 1813.

MONSEIGNEUR,

Je reçois les lettres du 24, que V. E. m'a fait l'honneur de m'adresser. J'aurai soin que la gazette d'Augsbourg vous soit adressée directement, et je vais faire en sorte de me procurer le plus régulièrement possible les gazettes de Vienne, que je m'empresserai de vous faire passer.

Le général de Wrede m'informe que,

d'après les rapports qui lui étaient parvenus, en date du 27, le général de division Buonaventi, qui commande l'extrême gauche du prince vice-roi, occupait Brixen. Par ce mouvement la communication entre cette ville et Inspruck ne peut plus être que momentanément interceptée par des brigands et des révolutionnaires ; cependant il sera peut-être difficile d'éteindre entièrement cet esprit d'insurrection qui règne sourdement dans une partie des vallons du Tyrol. Ce général m'annonce qu'un émissaire qui est revenu le 26 à son quartier-général, et qui avait été à Lintz et dans les environs de Budweis, prétend que 28 escadrons de l'insurrection hongroise, que l'on sait cependant être incorporée dans les différens régimens de hussards, formant les 7$^e$. 8$^e$., 9$^e$. et 10$^e$. escadrons, sous le nom d'escadrons de Vélites, sont en marche pour rejoindre la grande armée autrichienne en Bohême.

Il me mande aussi que l'armée qu'organise l'archiduc Ferdinand en Moravie, doit être portée à la fin de ce mois à une force de 30 à 40,000 hommes.

Le commissaire général du cercle de la Regen écrit, à la date du 22, que le recrutement continue toujours avec la plus grande rigueur en Bohême, et que l'on y voit augmenter chaque jour le nombre des blessés ; que l'on se plaint généralement des cosaques, et que l'on remarque les dispositions les plus défavorables dans le peuple.

Le commissaire général de la Salzach mande, à la date du 23, que d'après tous les rapports qui lui sont parvenus, tant des montagnes de l'Inn que de l'Hansruckviertel, il ne s'y est rien passé de remarquable.

Agréez, Monseigneur, l'hommage de mon respectueux dévoûment.

Le comte de Mercy Argenteau.

*P. S.* Madame la baronne de Wessenberg, épouse du dernier ministre d'Autriche en Bavière, qui est maintenant en Angleterre, est arrivée hier de Vienne, et annonce le projet de se fixer ici ; cette résolution, qui semble se rattacher à tous les bruits qui circulent depuis quelque tems, a fait assez de sensation.

―――

## N°. IV.

*Le Comte Germain, ministre de France à Wurtzbourg, à S. E. le ministre des relations extérieures.*

*Vurtzbourg, le 1ᵉʳ. octobre 1813.*

Monseigneur,

Un officier d'ordonnance de S. M. le roi de Westphalie est arrivé ici aujourd'hui avec une lettre de son souverain pour M. le duc de Castiglione. Il a raconté qu'avant-hier 28, quelques centaines de cosaques, après avoir évité les postes de cavalerie qui gardaient les différentes avenues de Cassel, étaient arrivés jusqu'aux portes de cette capitale, et que le roi, par suite de cette surprise, s'était retiré précipitamment à Wetzlar. Cet officier, qui est parti le 29 de ce dernier lieu, y a laissé S. M., qui n'avait pas encore la nouvelle que l'ennemi fût entré dans la ville.

Il y a tout lieu de croire que cette colonne, que l'on a prise pour l'avant-garde d'un corps d'armée, n'est autre chose qu'un parti qui a été détaché pour jeter l'effroi à Cassel et provoquer les germes d'insurrection qui existent dans le royaume? Cet officier m'a dit que la lettre du Roi avait pour objet de demander à monsieur le duc de Castiglione qu'il voulût bien se porter vers Fulde, afin de prévenir les entreprises de l'ennemi. S. M. ignorait que le maréchal fût déjà parti de Wurtzbourg, d'après les ordres de l'Empereur. D'après le dire des officiers qui reviennent de Fulde et d'Erfurt, il paraît que les corps russes et prussiens qui se sont montrés à Nordhausen et à Mulhausen, cherchent à soulever les paysans et qu'ils leur fournissent des armes. Déjà les habitans de Vach ont maltraité des blessés français. On ajoute que la plupart des paysans y sont armés et n'attendent qu'une occasion pour se soulever.

M. de Bogne a intercepté à Bayreuth les lettres d'un individu de Wurtzbourg qui instruit le commandant d'Eger du mouvement du duc de Castiglione. Ces lettres contenaient les détails les plus circonstanciés sur la force et la composition des troupes. M. de Bogne, en me faisant part de cette découverte, n'a pu me dire positivement de qui était la correspondance; l'esprit de la noblesse de Wurtzbourg est tel, qu'on peut l'attribuer avec autant de probabilité à vingt individus à la fois. J'attendrai donc, avant de provoquer à ce sujet les recherches du gouvernement grand ducal, que nous ayons pu rassembler une somme de preuves qui ne laissent aucun doute sur l'auteur de cette manœuvre.

Les lettres de Bohême, en date du 25, annoncent que le besoin de vivres s'y fait sentir, et que le prix des grains de toute espèce y est considérablement monté. On demande à quelques négocians de Wurtzbourg des fournitures de riz et d'autres objets de consommation. On attribue la demande de ces objets à la réunion des armées considérables qui se concentrent dans le pays. On ajoute que ces marchandises pourront y être facilement envoyées par la Bavière, et on indique la route de Hoff comme la plus courte et la plus commode pour le transport. La communication des lettres et des journaux est entièrement rétablie.

J'adresse à V. E. les numéros de l'*Observateur autrichien* jusqu'à la date du 22 septembre.

Le Grand-Duc doit venir ce soir en ville

pour y tenir demain son conseil d'état. M. de Wagner m'a donné à entendre ce matin que, par suite des circonstances, il serait possible que S. A. I. revînt en ville avec sa famille dans les premiers jours de la semaine prochaine.

J'ai l'honneur d'être avec respect,
Monseigneur,
De Votre Excellence,
Le très-humble et très-obéissant serviteur, Le comte GERMAIN.

## N°. V.

*Le chevalier Bogne de Faye, secrétaire de Légation à Munich, à S. E. M. le duc de Bassano.*

(LETTRE EN CHIFFRES.)

*Bamberg, le 28 septembre 1813.*

MONSEIGNEUR,

Veuillez agréer, monseigneur, l'hommage de mon respectueux dévouement.

Le chev. BOGNE DE FAYE.

*P. S.* J'ai l'honneur d'envoyer à V.

E. la copie de deux lettres interceptées qui ont été écrites de Wurtzbourg, pour faire connaître en Bohême la force et le mouvement des corps d'armée de M. le maréchal duc de Castiglione. Je viens de les communiquer à M. le comte Germain, dans une entrevue que nous avons eue à moitié chemin de Wurtzbourg.

Dès que nous aurons pu parvenir à connaître, par une recherche, qui sont les individus qui les ont écrites, je m'empresserai de vous les faire connaître.

[TRADUCTION *d'une lettre timbrée et adressée sous l'enveloppe de la maison de commerce Brandenbourg à Wunsiedel, dans le Bayreuth, à M. de R. (M. de Roll, commandant à Egra), avec invitation de la lui faire parvenir par la voie la plus prompte, et même par exprès, faute d'une autre occasion sûre.*]

W. XXV, IX. XIII.

« Je me disposais à vous écrire pour

vous informer des mouvemens du corps d'armée qui se trouve dans notre pays, lorsque j'ai reçu hier votre lettre du XIX, par laquelle vous me demandez de vous donner des nouvelles sur le même sujet. Toutes les troupes françaises qui se trouvent dans ce pays, nous quittent, à l'exception de deux bataillons d'Italiens qui composent le 113e. régiment et sont logés dans la ville même, et trois bataillons des villes anséatiques, qui sont destinés à former la garnison de notre forteresse. Par ma lettre du 12, vous aurez déjà appris la force du corps d'armée qui se trouve ici, et je vous ai de même informé de la nouvelle dislocation de troupes, depuis qu'elles avaient quitté leur camp de barraques. Le général *Baniki*, duquel je vous avais dit qu'il recevrait le commandement de douze bataillons cantonnés le long du Mein, du côté de Karlstadt, est revenu ici hier. Ce général restera chez nous, et le général Emar qui a été autrefois commandant de notre ville, prend sa place; il s'est mis en marche hier avec sept bataillons. Aujourd'hui sept autres les suivront. Vingt escadrons et trois batteries sont joints à ce corps. De ces trois batteries, deux sont d'artillerie à pied et une d'artillerie légère. Chacune de ces batteries a six pièces de canon et deux obusiers. *Ce corps très-respectable* marche en trois colonnes par Neuss, Bamberg et Cobourg, où il sera rendu en trois jours, de sorte que la première de ces colonnes s'étant mise en marche hier, elles se trouveront toutes les trois à Cobourg mardi le 28, d'où elles marcheront ensemble à *Leipsick,* selon les uns, et selon d'autres à *Jena*. Dans tous les cas, j'espère que cet avis vous parviendra assez à tems pour que vous en puissiez faire un usage utile, et que ces *messieurs soient arrangés comme ils le méritent.* Si le *Franz-Kinskische vice-caporal* part avec ce corps, c'est ce que je n'ai pas encore pu apprendre avec certitude. J'ai cependant été informé de bonne part qu'il devait l'accompagner ; et sur l'observation que je fis, que ce corps n'était pas un commandement assez considérable pour *sa haute personne*, il m'a été répondu qu'il devait recevoir des renforts à Cobourg qui lui seraient envoyés des troupes qui se trouvaient à Leipsick et à Jena. En attendant, je forme l'espoir que ce corps s'arrêtera assez long-tems à Cobourg, pour que, d'après les avis que vous allez donner, tout soit prêt de votre côté. Dans tout état de cause, je vous adresse la prière de ne pas perdre de tems pour faire marcher sur le lieu de sa destination.

Les bataillons ci-dessus mentionnés peuvent être comptés, au plus haut, à 600 hommes, et les escadrons à 70 hommes ; de sorte que la force totale de ce corps sera au plus de 11 à 12,000 hommes. Le quartier-général doit partir demain ou après-demain. La marche de ces troupes est très-certaine, car j'ai vu la feuille de route qui m'a été procurée par H—du commissariat des marches. Si tout cela ne sera point changé à Bamberg, si vous pouvez de votre côté ou voulez entreprendre quelque chose, si ces troupes ne se porteront pas du côté de Bayreuth; tout cela, dis-je, vous devez chercher à vous en faire informer, puisque cela sera plus rapproché de votre voisinage. Si j'apprends quelque chose autre qui se passe près de moi, et de nouveau, qui puisse être de quelqu'importance et intéresser la bonne cause, comptez toujours fermement sur moi. Lors de la remise qui a été faite du commandement de cette place au général Thureau, le nouveau commandant qui, dans le tems du républicanisme, a été ministre de la république à Philadelphia, il a été ordonné qu'à l'approche de l'ennemi, et au premier coup de canon, la garnison devait se retirer dans la forteresse. Vous avez maintenant tout ce que j'avais à vous communiquer et à vous mander pour aujourd'hui. Je vous remercie du bulletin imprimé qui a été joint à votre lettre du 19; faites que je reçoive bientôt encore quelque chose de vous; mais particulièrement ne manquez pas de m'accuser la réception de cette lettre et de celle que je vous ai écrite le 12. Aujourd'hui, on parle beaucoup d'un combat très-vif qui doit avoir eu lieu le 18 sur le Geyersberg. Toutes les gazettes autrichiennes sont prohibées, ou plutôt il est défendu à la poste de les distribuer: néanmoins je parviens cependant à m'en procurer la lecture; mais le dernier numéro de *l'Observateur autrichien* que l'on ait reçu est seulement du 11. Dites-moi ce que l'on fait avec la Bavière? Adieu, portez-vous bien; je finis pour ne pas manquer la poste d'aujourd'hui. Écrivez-moi bientôt et souvent sur tout ce qui se passe. Le vieux monsieur continue toujours de nous servir au mieux. Vale. »

C D.

*N. B.* Relativement au surplus de la cavalerie, environ 800 à 1000 chevaux se sont dirigés sur Hamelburg, et le restant est destiné à faire le service de la forteresse.

[TRADUCTION *d'une seconde lettre au même M. de Roll, commandant d'Egra, timbrée Wurtzbourg, le 26 septembre, et aussi adressée sous le couvert de la maison de commerce de Brandenburg à Wunsiedel, pays de Bayreuth.*]

*W.* 26 *septembre* 1813.

Les deux incluses m'ont été remises avec l'instante prière de vous les envoyer pour que vous les fassiez parvenir. Avant-hier, hier et aujourd'hui nos hôtes, tant ceux de la ville que ceux qui étaient cantonnés dans le pays, se sont mis en marche pour nous quitter. Ils peuvent être 11,000 hommes qui sont partis en trois colonnes, et se sont dirigés par Neuss. On avait répandu qu'ils devaient se porter sur le Bayreuth; mais comme il arrive presque chaque jour de nouveaux courriers, on peut croire que ces dispositions seront changées; au moins on ne sait sur quoi compter. Il ne doit rester, pour la garnison de la ville, que deux bataillons d'Italiens, et pour la forteresse que les mêmes troupes qui y sont déjà depuis long-tems.

Notre........Au........ avait dû nous quitter jeudi dernier, et il a même encore été de nouveau question de son départ pour aujourd'hui; mais d'hier midi on sait que son séjour se prolongera encore, et en conséquence on a requis force faisans et pâtés qui ont été déjà portés chez lui. On attend l'arrivée d'un courrier pour l'ordre du départ; mais où il ira, c'est ce que nous ne savons pas. Comme on avait déjà parlé de St.-Cyr pour ce commandement, on croyait, avec quelque vraisemblance, qu'il se rendrait chez lui en France.

Le vieux général Thureau est nommé commandant de notre ville.

Il nous arrive, par bandes de 20 et 30, des soldats de nos deux bataillons qui étaient à Jüterbock, aussi bien que des Wurtembergeois et même des Bavarois. Ils se plaignent beaucoup du manque de subsistances et d'avoir souffert de la faim: on les emprisonne de suite, dans la crainte qu'ils ne parlent trop.

## N°. VI.

*Extrait d'une lettre du comte de St.-Marsan à M. Caillard, secrétaire de l'ambassade de France en Espagne.*

Castiglione (*près d'Asti, dépt. de Marengo*), 20 août 1813.

Les circonstances qui ont eu lieu pendant les derniers momens de mon séjour en Prusse, ont été vraiment bien critiques, et vous avez senti combien j'ai mis et dû mettre de prix aux bontés dont l'Empereur m'a comblé. D'autre part, au moment où je quittais Breslau, l'Empereur de Russie ( à la demande, je crois, du Roi de Prusse ) a rendu la liberté à mon fils Charles qui avait été pris prisonnier à Wilna, et qui a eu le malheur de perdre presque cinq doigts aux mains. Il est arrivé au quartier-général en Silésie, et S. M. I. et R. a daigné, de sous-lieutenant qu'il était, le nommer capitaine de cavalerie et son officier d'ordonnance. Le voilà donc en passe de pousser une carrière pour laquelle il a montré une véritable inclination..... J'ai remis à Urquijo (1) la lettre qui lui était destinée. Vous avez appris sans doute qu'il a été pris par les cosaques, près de Ber-

---

(1) Chargé d'affaires d'Espagne à Berlin.

lin, avec Lefebvre (1) et Lindau (2). Urquijo a dû être relâché; Lindau, qui était presque mourant de la poitrine, est resté à Koenigsberg, et Lefebvre a été été transféré à Wilna. J'ai fait dans le tems inutilement toutes les démarches possibles pour obtenir leur délivrance.

De St.-Marsan.

## N°. VII.

*M. Caillard, chargé d'affaires de France près S. M. Catholique, à S. E. M. le Duc de Bassano.*

Bayonne, 25 septembre 1813.

Monseigneur,

L'indisposition que j'ai éprouvée, et dont j'ai eu l'honneur de vous prévenir par ma lettre du 19, paraît à peu près

---

(1) Secrétaire de l'ambassade de France à Berlin.
(2) Ministre de Westphalie.

terminée, et je vais reprendre ma correspondance avec V. E.

Il ne s'est rien passé de remarquable ici depuis quelque tems. Tout en ce moment est tranquille sur la ligne, et il ne paraît pas qu'il y ait d'un côté ni de l'autre aucun projet d'attaque. L'ennemi, du côté de St.-Jean-Pied-de-Port où il y avait eu quelques mouvemens, quelques marches, il y a une huitaine, est fixé dans ses positions. Il a même, dit-on, coupé de son côté les chemins auxquels il avait d'abord travaillé, d'où l'on conclut son intention de rester tranquille sur ce point; mais on dit que lord Wellington marche avec 30,000 hommes du côté de la Catalogne, pour aller y attaquer le duc d'Albufera. Il y a déjà quelques jours que ce bruit circule, et il paraît prendre de la consistance.

On continue toujours à travailler aux fortifications de Bayonne, et à mettre cette place sur un pied de défense respectable : il y vient, de l'intérieur, de l'artillerie de position.

Il est toujours question de la fixation du quartier-général dans cette ville pour cet hiver. On y attend sous peu de jours M. le duc de Dalmatie.

La mésintelligence règne entre les Anglais et les Espagnols, et l'on assure qu'il y a déjà eu quelques voies de fait. Les Espagnols, entre autres griefs qu'ils ont contre leurs alliés, sont vivement piqués de ce que dernièrement le drapeau anglais et non le drapeau espagnol ait été placé à St.-Sébastien. Le fort est maintenant occupé par les troupes anglaises, et chacun sent les résultats de cette occupation.

On présume Pampelune assiégée maintenant dans les formes; pourtant il ne circule aucun détail positif au sujet de cette place. Je prie V. E. d'agréer l'assurance de ma haute et respectueuse considération.

CAILLARD.

N°. VIII.

*Le comte Otto de Mosloi, ministre d'état, à S. E. M. le duc de Bassano* (1).

Paris, *le 28 septembre* 1813.

Monsieur le Duc,

Je viens de recevoir enfin les états si long-tems promis par M. le duc de Santafé, avec la désignation des lieux où se trouvent les réfugiés espagnols. Leur nombre total s'élève à 1700; mais ce Ministre m'observe que les militaires et les personnes qui composent la cour de S. M. le Roi d'Espagne, se trouveront sur les états supplémentaires.

M. le préfet du Gers, qui nous a adressé un état des Espagnols retirés dans son département, fournit une liste de 1670 individus, tous dans la plus grande

---

(1) Cette lettre fait connaître la déplorable situation où se trouvent les Espagnols qui ont servi l'usurpation de la nouvelle dynastie.

misère. Il est vrai que ce département est le plus fort de tous; mais, en supposant que les autres ne nous présentent ensemble que la moitié de ce nombre, la totalité des hommes à secourir excédera de beaucoup le calcul de M. le duc de Santafé, et la commission se trouvera hors d'état de satisfaire à toutes les demandes qui lui seront adressées.

Dans les instructions que V. E. m'a fait l'honneur de m'adresser, les employés militaires n'ont jamais été nommés; cependant il en existe un très-grand nombre qui me sont recommandés par le Ministre de la guerre et M. le duc de Dalmatie. M. le duc de Santafé met aussi un très-grand prix à ce que ces militaires reçoivent des secours. Il en résultera une très-grande augmentation de dépense; mais, quoique la commission ne voie aucun motif d'exclure de la munificence de S. M. ceux qui ont porté les armes pour la cause commune, elle a besoin d'une autorisation formelle pour les comprendre dans son travail. Je prie V. E. de me faire connaître à ce sujet les ordres de l'Empereur.

En tout état de cause, les demandes se multiplient au point que la commission se voit dans l'impossibilité de faire une distribution générale, sans excéder les fonds qui lui sont alloués, ou sans faire une nouvelle réduction sur les traitemens qu'elle avait déjà fixés, et qui, pour un grand nombre de réfugiés, sont déjà trop modiques. Elle sera obligée de prendre ce dernier parti, si S. M. ne juge convenable d'augmenter la somme qu'elle a destinée à ce service. La commission croit donc devoir solliciter un supplément de 50,000 fr. par mois à titre de fonds de réserve, et elle s'engage à ne puiser dans ce fonds qu'autant que les besoins des réclamans lui en feraient un devoir indispensable.

Je prie V. E. de ne pas perdre de vue

le contenu de ma lettre, N°. 8, du 16 de ce mois, et de me renvoyer les états qui y étaient joints, avec vos observations.

Veuillez agréer, monsieur le Duc, l'hommage de mon dévouement et de ma haute considération.

Otto.

---

## N°. IX.

*Le Chevalier Oginski à S. E. M. le Baron Bignon, Ministre de France auprès du Duché de Varsovie.*

*Wisbaden, 22 7bre. 1813.*

Votre Excellence,

Nous voilà depuis deux semaines à Wisbaden, éloignés de tout le monde qui nous intéresse, et de notre patrie, n'ayant d'autre ressource que la pension qui nous est gracieusement accordée. J'ose donc prier V. E. de vouloir bien se souvenir de nous et de nous la faire payer à Mayence pour les mois d'Août et septembre. Dépourvu de santé et de tout moyen, il m'est bien pénible de m'adresser à V. E. dans ce besoin urgent (1); mais V. E. voudra bien pardonner la liberté que je prends, et croire que je suis pour toujours avec respect,

De Votre Excellence,

Le très humble et très-obéissant serviteur,

OGINSKI,

*Chev. de la Leg. d'Honneur.*

---

### N°. X.

*Le Baron de Durant, Ministre de France à Naples, à S. E. M. le Duc de Bassano.*

Naples, 18 7bre. 1813.

MONSEIGNEUR,

Il n'y a absolument rien de nouveau dans cette ville ; toutes les attentions sont

---

(1) On voit que les Polonais qui se sont laissé tromper aux espérances que Buonaparte leur a données, sont dans une position tout aussi triste que les Espagnols.

portées sur les relations de l'armée, et les bavardages qui se mêlent à l'impression qu'elles produisent, méritent rarement d'être rapportés.

La Reine a eu des lettres du Roi en date du 3. Je n'en ai pas de V. E. depuis celle du 31 Août.

M. de Gallo me dit, il y a trois jours, que le Prince Esterhazy lui avait demandé de lui procurer les moyens de s'embarquer sur les côtes de la Pouille pour se rendre à Durazzo et gagner la Hongrie en traversant les provinces turques. Cette résolution de la part du Prince me semblerait un nouvel indice de l'opinion où est M. de Mier qu'il ne sera pas de sitôt encore dans le cas de partir, puisqu'ils auraient pu faire route ensemble. Du reste, M. de Gallo me disait aussi qu'il était fondé à croire que c'était du consentement même de l'Empereur que le Prince Cariati était demeuré à Vienne après le départ de la légation de France.

Quelques exemplaires d'un manifeste de l'Autriche sont parvenus ici par la voie du commerce. Il m'en est tombé un sous la main. Cette pièce est-elle l'ouvrage de Londres ou de Vienne? C'est aussi une chose tout à fait nouvelle dans la politique autrichienne que ce tendre intérêt pour l'intégrité de la Prusse. A la distance où je me trouve de toutes les combinaisons du moment, j'ose à peine exprimer une des pensées que cette lecture m'a fait naître; mais peut-être y trouverait-on un conseil utile; et si le désir de rendre un repos salutaire à la France conduisait l'Empereur, après avoir si glorieusement maintenu l'honneur des armes, à faire quelques sacrifices momentanés, combien les mauvais élémens d'union qui subsistent entre ses ennemis (1), combien le temps et la négociation lui offri-

---

(1) Que vous êtes mal informé, monsieur le baron! Jamais il n'a existé une harmonie plus parfaite.

raient de moyens de ramener l'exécution des projets conçus pour sa gloire et pour la prospérité durable du Continent (1).

Je confie cette lettre à deux officiers français, MM. Krepp et Hoffmann, qui sont venus dans le tems à Naples avec M. le général Domont, et qui ont obtenu de la Reine la permission d'aller le joindre.

Ils auront soin de la faire parvenir à V. E., s'ils ne peuvent avoir l'honneur de la lui remettre eux-mêmes.

Agréez, Monseigneur, l'hommage de mon respect et de ma plus haute considération.

Le Baron DE DURANT.

---

(1) Avis précieux pour les alliés. Du reste, M. de Durant juge fort bien et le caractère de son maître, en supposant qu'il ne se désistera jamais tout de bon de ses projets, et la nature de ses négociations, en ne les considérant que comme une ruse pour gagner du tems, et pour tomber de nouveau sur les alliés, lorsqu'ils n'y seraient plus préparés.

N°. XI.

*A S. M. l'Empereur et Roi.*

Sire,

Je profite du passage par Milan de deux officiers de la garde de V. M. pour avoir l'honneur de lui offrir de nouveau l'hommage de mon obéissance.

Tandis que V. M. cueillait de nouveaux trophées dans les champs de la gloire, et qu'aux hommages de l'admiration, vos fidèles serviteurs joignaient le sentiment pénible des dangers auxquels s'est exposée une tête aussi auguste et aussi chère, je n'ai osé prendre la liberté d'importuner V. M. par mes lettres, d'autant plus que l'état des affaires militaires de ce côté-ci ne présentait rien qui méritât son attention.

Les villes de Fiume et de Trieste avaient été prises par l'ennemi sans aucune peine, et elles ont été reprises avec la même facilité, les Autrichiens n'ayant de ce côté-là qu'environ 3ooo hommes; et comme au centre et sur notre gauche il ne s'est rien passé de considérable, il n'y a pas de doute que les deux armées ont également l'ordre de se tenir sur la défensive, et il paraît en être de même à l'égard du corps bavarois, placé à Salzbourg sous les ordres du général de Wrede.

Tout cela assure pour quelque tems la tranquillité de l'Italie.

Cependant nous n'avions pas de nouvelles officielles de la grande armée depuis celles du 8. On était donc ici dans la consternation, d'autant plus qu'on prétendait depuis plusieurs jours que le quartier-général avait quitté Dresde et que plusieurs corps de l'armée avaient essuyé des échecs considérables. Heureusement il arrive en ce moment même une estafette de Dresde avec des lettres du 14. Quoiqu'on ne connaisse aucun détail, puisque les dépêches sont adressées au vice-roi, je ne m'en empresse pas moins d'informer M. de Gallo de cette estafette, dont la seule arrivée dément les bruits funestes qui ont été répandus dans toute l'Italie.

Le général comte Pino vient de quitter l'armée et de se retirer à la campagne. On attribue cette retraite à du mécontentement.

J'en suis moins surpris que fâché, parce que les bons généraux sont rares, et que cette retraite a produit ici une sensation très-désagréable.

Je supplie humblement V. M. de daigner me conserver sa bonté et d'agréer l'hommage de mon plus profond respect.

De Votre Majesté,

Le très-humble et très-fidèle serviteur et sujet,

QUESTIANT.

# SERVICE MILITAIRE.

# SERVICE MILITAIRE.

## RAPPORTS

Du Ministre de la Guerre à S. M. l'Empereur et Roi.

### N°. I.

*Ministère de la Guerre. Bureau du Ministre.*

*Du 29 septembre 1813.*

V. M. trouvera ci-joint les lettres suivantes :

1°. Du Maréchal Duc de Dalmatie, de St. Jean de Luz le 25 septembre.

Les ennemis continuent à répandre la proclamation du Prince Royal de Suède. Le Maréchal en envoie un exemplaire au revers duquel se trouve, écrite à la main, une provocation à la désertion.

2°. Du même à la même date.

Le Maréchal envoie une gazette espagnole de Madrid du 16 du courant, où se trouve insérée une fausse proclamation qui lui est attribuée, et qui avait déjà paru dans les journaux anglais. Les trois divisions aux ordres du Duc de Parque arrivées à Sarragosse le 10, ont marché sur Tudela.

Des déserteurs de la légion allemande annoncent qu'il est question d'embarquer la totalité de cette légion pour l'Allemagne.

3°. Du Major Baltazar, de Bayonne le 25 7bre.

Des rapports particuliers annoncent que l'ennemi a fait arriver sur la ligne 4000 hommes d'infanterie, 9,000 chevaux, et l'équipage de pont qu'il avait renvoyé sur ses derrières.

Ces dispositions feraient croire à une attaque prochaine. On entend des bords de la Bidassoa le canon sur Pampelune, et l'on en infère que le siége est commencé régulièrement. M. Baltazar a vu M. Pelet de la Lozère qui pense qu'à moins de transports à l'entreprise et à prix d'argent, l'approvisionnement de l'armée sera impossible cet hiver.

 Le Ministre de la Guerre,

   Duc de Feltre.

---

*A M. le duc de Feltre, ministre de la guerre.*

 Monsieur le Duc,

Les ennemis continuent à répandre la proclamation du Prince Royal de Suède, dont j'ai eu l'honneur d'adresser des exemplaires à V. E.; mais les dernières qui ont été ramassées par les postes ou les piquets de découverte, lesquelles ont été aussitôt remises aux officiers, contiennent une provocation à la désertion, écrite en deux langues au revers de cette proclamation, ainsi qu'à l'exemplaire ci-joint. Cela n'inspire que le mépris et l'indignation à l'armée.

J'ai l'honneur de prier V. E. d'agréer les sentimens de ma haute considération.

M<sup>al</sup>. Duc de Dalmatie.

St.-Jean de Luz, le 28 7bre. 1813.

*Note de l'Editeur.* — A cette lettre est joint un exemplaire de la *proclamation du Prince Royal de Suède* à l'armée combinée du Nord de l'Allemagne, d'impression anglaise. Au revers sont écrites les lignes suivantes :

» Il est bien connu qu'une grande
» partie des soldats français possèdent
» en entier le sentiment de cette procla-
» mation, et sont prêts à abandonner
» les armes, qu'ils ont été obligés de
» prendre, s'ils n'étaient effrayés et
» trompés par des rapports désavanta-
» geux de l'accueil que nous donnons
» aux déserteurs en général; par exemple
» qu'ils sont obligés de servir sur le

» champ contre la France, embarqués,
» etc. *Tout des faussetés*, et tout déser-
» teur, surtout en ce moment, *peut être*
» *certain de sa liberté en Angleterre.*»

D'une autre écriture :

» Un falso rapporto ha circulato fra
» le brave trupe che sono sacrificate
» dall' ambizione francese, il quale
» diceva que tutti quelli che desertano
» sono forzati dagli Inglesi à pigliar
» l'armi. Si certifica che tutti quelli che
» vengano à noi, non solamente son
» trattati con tutta la possibile estima-
» zione, ma ancora pon scegliere, o il
» guadagnar la sua vita in Inghilterra,
» o di rigiungere i loro compagni in
» Allemagna. »

———

*A M. le duc de Feltre, ministre de la guerre.*

MONSIEUR LE DUC,

Dans une de mes dernières lettres j'ai eu l'honneur de faire part à V. E. qu'un officier que j'avais envoyé en parlementaire à bord de l'escadre ennemie qui était devant St.-Sébastien, avait lu dans les journaux anglais une espèce de proclamation qui m'était attribuée, et je déclarai en même tems que n'ayant fait aucune proclamation, je désavouais cet écrit.

Parmi les Gazettes espagnoles que j'ai pu me procurer, j'ai trouvé celle de Madrid, en date du 16 de ce mois, où cette prétendue proclamation est insérée. J'ai l'honneur de l'adresser à V. E. avec la traduction; si elle prend la peine de la lire, elle reconnaîtra qu'il était bien inutile d'en faire le désaveu, car personne de bon sens ne peut m'attribuer cette pièce, n'ayant jamais fait rien desemblable.

V. E. remarquera aussi dans ces gazettes un article de Sarragosse du 10 7bre qui annonce l'arrivée en cette ville de trois divisions Espagnoles aux ordres du Duc del Parque, lesquelles ont marché sur Tudela; ainsi il est constant que les ennemis, au lieu d'avoir détaché des troupes de l'armée commandée par Lord Wellington qui m'est opposée, ont au contraire rappelé trois divisions qui étaient en Basse-Catalogne avec Lord Bentinck; circonstance qui mérite d'être recueillie, car elle peut contribuer à faire considérer la concentration des forces que j'ai proposée, comme nécessaire.

J'ai l'honneur de prier V. E. d'agréer l'assurance de ma haute considération.

M$^{al}$. Duc de Dalmatie.

*St.-Jean de Luz, le 25 7bre. 1813.*

*P. S.* Trois déserteurs de la légion allemande, qui fait partie de la première division anglaise, viennent d'arriver. Ils confirment qu'il est question d'embarquer la totalité de cette légion composée de cinq bataillons, pour l'Allemagne; mais ils n'ont pas entendu dire que d'autres troupes dussent se rendre à cette destination ; il paraît même que le départ de la légion n'était pas encore bien certain.

M<sup>al</sup>. D.

---

*A M. le duc de Feltre, ministre de la guerre.*

*Bayonne, le 25 7bre.* 1813.

Monseigneur,

Des rapports qui paraissent mériter quelque confiance, annoncent qu'il vient d'arriver sur la ligne, savoir ; à Echalar 4000 hommes d'infanterie anglaise venant des environs de Santona ; plus, 900 chevaux portugais, 4000 chevaux anglais à St.-Estevan dans la vallée de Lérin et 5000 chevaux à Tolosa.

Lord Wellington a toujours son quartier-général à Lézaca.

L'équipage de ponts composé de 32 pontons que l'ennemi avait renvoyés sur les derrières, est de nouveau revenu à Oyarzun.

Je ne sais ce qu'il peut vouloir faire de tant de cavalerie dans des montagnes où il est si difficile de la nourrir et où elle lui est inutile.

Ces dispositions sembleraient annoncer quelques projets, et je me suis résolu à différer ma course de quelques jours, pour être à même de faire part à V. E. de ce qui pourrait arriver.

On entend des bords de la Bidassoa le canon sur Pampelune, et on dit, mais sans données positives, que l'ennemi en a entrepris le siége régulier. Je ne le crois pas. Il se peut qu'il en fasse le simulacre, afin de s'attribuer l'honneur de la chute de cette place, quand le défaut de vivres la forcera à se rendre.

J'ai eu l'honneur de voir M. le comte Pelet de la Lozère et de m'entretenir avec lui de ce qui concerne les subsistances de l'armée. Il est entièrement de l'avis que j'ai eu l'honneur de soumettre à V. E.; c'est qu'à moins de transports à l'entreprise et à prix d'argent, l'approvisionnement de l'armée et l'arrivage des denrées sont presque impossibles cet hiver.

On continue à s'occuper des travaux de la tête de pont de Cambo sur la rive que je suis allé visiter, et dont j'ai parlé précédement à V. E. On va travailler à ouvrir les routes de communication demandées dans le département par M. le Maréchal.

Je suis avec le plus profond respect,

Monseigneur,

De Votre Excellence le très-humble serviteur,

Le Major Baltazar,
*Son Aide-de-Camp.*

---

### N°. II.
*Ministère de la guerre. Bureau de l'inspection.*

Du 29 7bre. 1813.

J'ai l'honneur de rendre compte à S. M. que le 2$^{eme}$. bataillon du 22$^{eme}$. régiment d'infanterie de ligne et le 1ᵉʳ. du 62ᵉᵐᵉ ont été faits prisonniers de guerre à *Saint-Sébastien*, et qu'il ne reste à Bayonne de ces deux bataillons que ; savoir :

du 2ᵉᵐᵉ du 22ᵉᵐᵉ

| | |
|---|---|
| Chef de Bataillon | 1 |
| Capitaines | 2 |
| Lieutenant | 1 |
| | — 4 |
| Sergent-Major | 1 |
| Sergent | 1 |
| Caporal | 1 |
| Soldats | 32 |

Total 39.

Du 4ᵉᵐᵉ. du 62ᵉᵐᵉ

| | |
|---|---|
| Chef de Bataillon | 1 |
| Capitaine | 1 |
| Lieutenant | 1 |
| Sous-Lieutenant | 1 |
| | — 4 |
| Sergents-Majors | 6 |
| Sergents | 4 |
| Fourrier | 1 |
| Soldats | 45 |

Total 60.

M. le Maréchal duc de Dalmatie avait l'idée d'incorporer ces hommes dans d'autres régiments; mais réfléchissant qu'on pourrait recomposer les cadres des deux bataillons et y placer les officiers et sous-officiers qui restent, il les a fait réunir à Bayonne, en attendant des ordres sur leur destination ultérieure.

J'ai l'honneur de proposer à S. M. de m'autoriser à faire former les cadres de deux nouveaux bataillons aux dépôts des $22^e$. et $62^e$. régiments, où les hommes qui restent des deux anciens bataillons seront renvoyés pour être placés dans les nouveaux, dont ils formeront le noyau.

Le Ministre de la Guerre,<br>Duc de Feltre.

## N°. III.

*Du* 29 7bre. 1813.

J'ai l'honneur de rendre compte à S. M. que le $2^{eme}$. bataillon du $34^{eme}$.

régiment de ligne, ayant été pris à St.-Sébastien et n'ayant plus que quelques officiers, sous-officiers et soldats à l'armée, M. le Maréchal duc de Dalmatie a fait verser les soldats dans le 1$^{er}$. bataillon de ce régiment et mettre les officiers et sous-officiers à la suite de ce bataillon, en attendant qu'il soit donné des ordres pour en former un nouveau deuxième.

D'après cet état de choses, je propose à S. M. de m'autoriser à faire former un nouveau 2$^{eme}$ bataillon à ce régiment.

Cette formation aurait lieu au dépôt du corps à Givet, où les officiers et sous-officiers de l'ancien bataillon seraient renvoyés.

Le Ministre de la Guerre,<br>Duc de FELTRE.

## N°. IV.

*Du 29 Septembre. 1813.*

Le Préfet de la Sarthe m'a exposé la

nécessité d'élever à une classe supérieure la compagnie de réserve de son département, qui est de la 5eme. classe, ou de 60 hommes.

Avant de mettre la demande de cet administrateur sous les yeux de l'Empereur, j'ai prié M. le Comte de Montalivet de me faire connaître, d'une manière positive, si le 20eme des revenus communaux de la Sarthe était suffisant pour faire face aux dépenses de 1ere. mise, à la solde et à l'entretien d'une compagnie de 3e. classe, ou 120 hommes, ainsi que le Préfet le proposait.

Le Ministre de l'Intérieur a fait connaître que, pour concilier autant que possible les besoins du service qui paraissent réels, avec les ressources pécuniaires du Département de la Sarthe, il a assuré les fonds nécessaires à l'entretien d'une compagnie de 4e. classe seulement, ou 100 hommes. D'après ces renseignemens, je prie S. M. de vouloir bien me faire connaître si son intention est de porter à cette classe la compagnie de la Sarthe.

  Le Ministre de la Guerre,
   Duc de Feltre.

## N°. V.
*Du 29 septembre 1813.*

J'ai eu l'honneur de prier S. M., le 8 de ce mois, de me faire connaître de quelle manière elle voulait qu'on traitât la garde royale espagnole et les régimens de Castille et de Royal-Etranger, sous le rapport des récompenses à accorder à ceux qui seraient reconnus hors d'état de continuer à servir. Les revues qui ont été passées en dernier lieu à ces corps prouvent que le nombre de ceux qui se trouvent dans ce cas est assez grand; il en résulte, en outre, que la plus grande partie de ces militaires sont des Français ayant d'anciens services, et que tous ces corps sont extrêmement recommandables, tant par leur bravoure que par leur fidélité.

M. le duc de Dalmatie m'écrit qu'il s'est manifesté parmi eux une grande inquiétude sur leur sort futur.

Dans mon premier rapport j'ai proposé à S. M. d'appliquer aux régimens espagnols qui sont passés au service de France les dispositions contenues dans les décrets de création des régimens de Westphalie et de Hesse, formés en 1806. Ces corps furent assimilés aux régimens français pour les soldes de retraite et autres récompenses. Tous les renseignemens qui me parviennent sur le moral des régimens dont il s'agit, donnent encore du poids à ma première proposition, et je prie S. M. de me faire connaître si elle l'approuve.

J'ai donné des ordres pour la formation à Auch d'un dépôt où seront réunis, en attendant la décision de S. M., les militaires de ces corps, reconnus incapables de faire aucun service.

Le ministre de la guerre,
Duc de Feltre.

## N°. VI.

*Du 29 septembre 1813.*

J'ai l'honneur de rendre compte à S. M. que la 2e. compagnie du 5e. bataillon du 70e. régiment, partie de Brest en janvier dernier dans un bataillon de marche pour se rendre à la grande armée, ayant été versée en entier dans les 3e. et 4e. bataillons de ce corps, à l'exception du capitaine qui est rentré au dépôt, j'ai donné des ordres pour qu'il fût formé une nouvelle compagnie à ce bataillon, afin de le reporter à son complet.

Cette formation aura lieu au dépôt du régiment à Brest.

Le ministre de la guerre,
Duc de Feltre.

N°. VII.

MINISTÈRE DE LA GUERRE.

*Bureau du mouvement des troupes.*

*Du 29 septembre 1813.*

SIRE,

J'ai l'honneur de rendre compte à V. M. qu'en exécution de son ordre du 23 de ce mois, qui me fait connaître que les quatre premiers escadrons de chacun des quatre régimens de gardes d'honneur resteront réunis à la grande armée où ils sont en grande partie rendus, et que les autres escadrons doivent rester à Francfort et à Hanau pour s'y former, j'ai mandé à M. le maréchal duc de Valmy que les 5$^{es}$. escadrons des 1$^{er}$, 2$^{e}$. et 4$^{e}$. régimens qui sont rendus à Mayence ; celui du 3$^{e}$. régiment qui doit y arriver le 1$^{er}$. octobre ; les 6$^{es}$. escadrons qui sont en marche sur cette place ; les 7$^{es}$. qui vont bientôt partir de leurs dépôts, et successivement les 8$^{es}$. escadrons, devront être, par ses soins, réunis à

Francfort et Hanau, pour achever de s'instruire sous le commandement des quatre colonels et des seconds majors, et y attendre les ordres ultérieurs de V. M. J'ai recommandé en même tems à M. le duc de Valmy d'avoir l'œil sur ces troupes.

Afin d'augmenter les moyens d'instruction dans ces seize escadrons, je m'occupe d'y envoyer en subsistance, ainsi que V. M. me l'a prescrit, quatre officiers et 64 sous-officiers qui seront tirés des régimens de cavalerie de l'armée d'Espagne.

Le ministre de la guerre,
Duc de Feltre.

*Pour S. M. l'Empereur et Roi.*
Ministère de la guerre.
Extrait de la correspondance du ministre de la guerre, reçue à Paris le 29 septembre 1813.

*Le général Dumay. — Marseille, le 22 septembre.*
L'escadre anglaise est toujours mouil-

lée dans le golfe de Fos. On aperçoit de plus deux vaisseaux ennemis en croisière à deux lieues.

*Le général Rivaud.* — *La Rochelle*, 28 *septembre.*

Le 24 au matin on a signalé un convoi français venant du nord et se dirigeant au sud. La croisière anglaise, dans la rade des Basques, était composée le 28 de quatre vaisseaux et une corvette.

On met sous les yeux de S. M. copie d'une lettre de M. le général Miollis, datée de Rome le 21 septembre, et relative à un engagement qui a eu lieu entre un détachement de gardes nationales et une bande de brigands, et copie du rapport des mouvemens du port de Gravelines, du 17 au 24 de ce mois.

M. le général Olivier, commandant la 16e. division militaire, est mort le 27 septembre à la suite d'une maladie.

Le ministre de la guerre,

Duc de Feltre.

## Ministère de la Guerre.

*Copie d'une lettre adressée au ministre de la guerre par M. le général Miollis, et datée de Rome le 21 septembre 1813.*

Monsieur,

Le 14 au soir, un détachement de la garde nationale de la commune della Fratta, près de Città di Castello, arrondissement de Perugia, au nombre de six hommes, envoyé par ordre du sous-préfet pour arrêter le père d'un conscrit réfractaire armé, fut arrêté à environ trois kilomètres de distance par une bande de quatorze brigands contre lesquels il fit feu et soutint quelque tems l'engagement. L'un des gardes ayant été tué et deux blessés, l'officier qui les conduisait se retira avec les trois hommes qui restaient. Les brigands prirent la fuite de leur côté, emportant avec eux un des leurs qui fut grièvement blessé, et laissant sur le lieu deux chapeaux et un paquet de papiers, parmi lesquels on a reconnu ceux qui appartenaient au maréchal-des-logis de gendarmerie de la Pieve Saint-Stephano (département de l'Arno), qu'ils avaient tué trois jours auparavant; ce qui prouve que les mêmes troupes des brigands passent de l'un à l'autre département, et semblent ainsi se multiplier. Il paraît certain qu'il n'y a vers ce point que trois troupes, dont deux appartiennent à la Toscane; savoir : celle dont il est question, et qui se compose de quatorze hommes, une autre de dix hommes vers Bredzo; et celle de Peppino de Colleforte, de dix-sept hommes qui appartiennent au département du Trasimène dans l'arrondissement de Perugia, ce qui forme en tout une trentaine de brigands, contre lesquels 300 hommes sont en mouvement, une battue ayant été concertée entre les colonnes mobiles du département de l'Arno, du royaume d'Italie et le chef de bataillon Champmison, commandant celle de Città di Castello.

Aussitôt que l'événement della Fratta fut connu, deux détachemens de trente hommes chacun furent envoyés par cet officier supérieur contre la bande qui a fait ce guet-apens.

Je charge le commandant du département de prescrire absolument qu'il ne soit fait aucune expédition armée que par une force capable d'en imposer, et j'écris à M. le préfet de prescrire à toutes les autorités qui dépendent de lui de ne pas compromettre ainsi les moyens de force.

M. le préfet a envoyé au commandant des six gardes nationales della Fratta, qui a reçu plusieurs balles dans ses habits, une épée en reconnaissance de ses bons services ; à la veuve de celui qui a été tué une somme de 150 fr., et 50 fr. à chacun des deux blessés, ce qui ne peut qu'encourager les gardes nationales à redoubler de zèle.

Je vous prie, monsieur, etc.

(*Signé*) Miollis.

Pour copie conforme.

*Le secrét.-gén. du ministère de la guerre.*

RAPPORT.

*M. de Sermet, Ordonnateur de l'Arrondissement de Cassel à S. E. Monseigneur le Comte Daru, Ministre Directeur de l'Administration de l'Armée.*

*Weilbourg, le 30 7bre. 1813.*

Monseigneur ,

Ayant constamment suivi les mouvemens du Roi depuis avant-hier, il m'a été impossible d'adresser plutôt à V. E. un rapport sur ce qui s'est passé.

*Trésorerie.*—V. E. aura été instruite, par les rapports du Roi à S. M., de l'arrivée inattendue de l'ennemi devant Cassel le 28 au matin. Quoique, depuis huit jours, j'eusse prévenu par écrit

M. le Ministre de France que le Payeur de la guerre avait des fonds en monnaie du pays, sans avoir aucun moyen de transport assuré et que je lui eusse proposé différentes mesures pour mettre ces fonds en sûreté en cas d'événement, S. E. s'était contentée de nous assurer qu'elle nous préviendrait à tems. Cependant nous ne l'avons été l'un et l'autre que par les coups de canon et de fusil tirés sur la ville même.

Je me rendis de suite avec le Payeur chez M. de Reinhard, et nous lui renouvelâmes par écrit la demande de faciliter par son intervention le moyen de sauver ces fonds, soit en les faisant verser au trésor westphalien, soit en procurant un caisson et l'escorte nécessaire.

Ce dernier moyen était impraticable, puisque le Roi a laissé lui-même son argent; quant au premier, nous nous rendîmes de la part du Ministre chez M. Dupleix, intendant du trésor, qui était sur son départ, et qui a refusé positivement de se charger de cette somme.

Après en avoir rendu compte à M. le Ministre de France, il a été convenu qu'il ne restait d'autre moyen que d'essayer de faire le dépôt de la somme chez un négociant, et M. Pottier fut chargé par le Ministre de chercher à exécuter cette négociation, d'autant plus difficile que tous les comptoirs étaient fermés.

J'ignore s'il y a réussi, parce que, peu d'instans après, le Roi ayant effectué sa retraite à la tête de ses troupes avec tous ses Ministres et M. de Reinhard, je n'ai pas cru devoir quitter son quartier-général que j'ai suivi depuis ce moment.

J'avais eu la précaution de garder 10 chevaux malades de la 3ᵉ compagnie du 10ᵉ bataillon avec 4 soldats, et je comptais dessus pour évacuer au besoin la caisse; mais ils étaient cantonnés à une lieue et il a été impossible de les faire prévenir.

Je ne puis rendre compte à V. E. de la situation de cette caisse, parce que M. le Payeur me l'a constamment refusée, et que V. E. que j'avais consultée relativement à la surveillance et au degré d'autorité que mes fonctions me donnaient à cet égard ne m'a pas répondu; M. Pottier a cru, *même dans cette circonstance*, devoir faire directement ses demandes au Ministre de France, et il ne s'est nullement adressé à moi, duquel il pense ne devoir recevoir aucun ordre ni instruction; ce que j'ai fait pour l'aider n'a nullement été sollicité par lui. Je ne l'ai pas revu depuis notre départ de Cassel, et j'ai lieu de croire qu'il aura suivi le Ministre du trésor westphalien qui est passé par Paderborn, n'ayant pu rejoindre le Roi.

*Hôpitaux.* — Depuis 24 heures il n'était pas arrivé d'évacuations, et il en était parti une forte la veille; il restait environ 400 hommes, dont la moité

Westphaliens, qui ont été pris dans l'hôpital situé à une demie lieue de la ville, sur la route par où l'ennemi est venu.

Comme la cavalerie a suivi très-rapidement jusqu'à Marbourg, il a été impossible d'effectuer les évacuations des gîtes sur cette ligne, les paysans étant bien éloignés de se prêter à ce service.

V. E. sait que je n'avais dans ce moment aucun autre service administratif en activité à Cassel.

*Personnel des commissaires des guerres.* — Je vais continuer à suivre les mouvemens du Roi et du ministre de France, tant qu'il conservera l'idée de rentrer à Cassel, et j'attendrai près de lui les ordres de V. E. Si cependant le Roi passait le Rhin, ce que je ne crois pas, je me rendrais alors à Mayence ou à Francfort, pour être plus à portée de rejoindre le quartier-général.

Je ne suis sorti de la ville qu'avec mon cheval de selle et l'habit que je porte; j'ignore si mon domestique aura pu se sauver avec les deux autres chevaux et mes effets.

Le peu d'employés français qui étaient à Cassel et dans l'arrondissement, n'ayant ni chevaux ni argent, auront été fort embarrassés, et j'ignore s'ils reviendront.

Je suis moi-même sans le sou (V. E. sait qu'il m'est dû trois mois d'appointemens et cinq de frais extraordinaires); heureusement que S. M. m'a admis dans sa maison pour le logement.

Je supplie V. E. d'avoir égard aux pertes réitérées et considérables que j'ai éprouvées depuis un an, et de m'accorder les frais extraordinaires qui me sont dûs depuis le 1$^{er}$. mai.

Je suis avec un profond respect,
 Monseigneur,
De V. Ex., le très-humble et très-obéissant serviteur, DE SERMET.

Le défaut de papier et de tems m'empêche de faire des lettres séparées pour chaque section.

*Le ministre du trésor à M. Férino, payeur général de la grande armée.*

Ministère du trésor impérial. Bureau général près le ministre.

Paris, le 29 septembre.

J'ai reçu, monsieur, la lettre que vous m'avez écrite le 16 de ce mois, par laquelle vous m'avez transmis une copie de l'état de situation que le payeur de Dantzick vous a adressé de sa caisse à l'époque du 31 juillet dernier.

Cette situation, comparée à la précédente, arrêtée au 10 juin, établit assez exactement le montant des recettes effectives et des dépenses faites à Dantzick depuis le 1er. janvier dernier, en supposant qu'il y existe une erreur de 3,000,000 fr. en recette, introduite pour dissimuler sa situation dans le cas où sa correspondance aurait été interceptée. Je ne puis que vous recommander de me faire connaître les renseignemens ultérieurs qui vous parviendraient sur la situation du service de cette place.

Je vous salue avec attachement.

Le ministre du trésor,

MOLLIEN.

---

*Le ministre secrétaire d'État comte Daru, à M. le général comte Boursier, commandant les dépôts de remonte.*

*Dresde, le 5 octobre 1813.*

MONSIEUR LE COMTE,

Par suite de la lettre que j'ai eu l'honneur de vous écrire hier, j'ai l'honneur de vous prévenir que je viens de prescrire à M. le payeur général de tenir à la disposition de M. le commissaire ordonnateur de la 2$^e$. division militaire une somme de 300,000 francs pour servir au paiement, sur les mandats de cet ordonnateur, des chevaux qui seront livrés par le Danemarck, en exécution de la convention du 10 août dernier.

J'engage cet ordonnateur à prendre

vos ordres sur tout ce qui regarde ce service, à se concerter avec M. l'officier général que vous avez chargé à Hambourg de la suite et de la direction de cette opération; je l'engage également à se concerter avec M. le commissaire des guerres de Bérgue, sur le mode de comptabilité et le mode d'envoi des pièces justificatives.

Je vous prie, M. le comte, de prescrire à ce dernier de faire connaître à M. Monnay toutes les instructions qu'il a reçues à ce sujet de S. E. le ministre directeur et de M. le comte Dumas.

Je vous prie, M. le comte, d'agréer l'assurance de ma haute considération.

Comte DARU.

*A. M. le général de division comte Duloloy, colonel de l'artillerie de la garde impériale.*

*Paris, le 28 septembre 1813.*

GÉNÉRAL,

Je suis revenu à la charge près du

ministre pour obtenir des canonniers d'Espagne. Il me répond, en date du 18 courant, que les compagnies d'artillerie de cette armée sont trop faibles pour que l'on puisse en tirer un seul homme; que précédemment elles n'ont pu fournir tous les canonniers demandés, à plus forte raison ne le peuvent-elles pas maintenant.

Des vingt-neuf conscrits qui sont à La Fère, et qui connaissent bien le service des pièces de campagne, cinq à six sont à réformer, les autres peuvent être envoyés à l'armée; néanmoins, j'attendrai vos ordres pour les faire partir.

J'ai l'honneur, mon général, d'être avec respect et attachement,

Le général d'artillerie,
Baron d'Aboville.

---

*Paris, le 28 septembre 1813.*

Mon général,

Le ministre de la guerre m'ayant nommé membre d'un conseil de guerre, qui doit se réunir à Paris vers la fin de septembre pour juger M. le chef de bataillon Chalot qui a rendu la place de Vigo aux Anglais, j'ai quitté La Fère avant-hier sans y avoir terminé les vérifications que j'y avais commencées.

Le capitaine Tardy n'avait point encore réuni toutes les pièces et établi les bordereaux de ses recettes et dépenses, en matières, d'une manière assez exacte pour pouvoir faire l'entière vérification de ses comptes.

Des erreurs dans les factures du second régiment du train viennent encore d'être reconnues, et retardent la clôture du travail général sur les finances du corps.

Le manque de feuilles d'appel de quelques compagnies de la jeune garde, et de la plupart de celles du train, n'a pas permis de reconnaître les erreurs qui existent dans l'effectif du corps. Les noms et feuilles de signalement des 300 marins et 400 conscrits reçus à Mayence, n'étant point toutes parvenues, l'on est souvent dans un grand embarras ; des hommes blessés aux premières batailles sont arrivés au dépôt où ils ne sont pas même connus de nom : comment solliciter leur retraite ? Il en a été écrit à leur major.

Des hommes partis de La Fère pour l'artillerie à cheval, et habillés complètement, ont été placés à Francfort dans l'artillerie à pied vieille garde, et depuis dans la jeune : que sont devenus les habillemens d'artillerie à cheval que ces hommes avaient reçus ?

Enfin, journellement, mon général, l'on reconnaît des erreurs qui obligent à consulter messieurs les majors ; l'activité actuelle de l'armée ne leur permet pas de répondre, et l'on est arrêté au dépôt dans un travail commencé.

Il est bien nécessaire que messieurs

Henrion et Lignien m'envoient les marchés et procès-verbaux que je leur ai demandés, les chevaux du train achetés et reçus à Dresde, de ceux de bât achetés à Francfort, des bâts, harnais et selles confectionnés et reçus dans cette dernière ville ; sans ces pièces, le ministre ne fera pas les fonds ; or, comment couvrir ces dépenses qui ont été acquittées sur les fonds de la couronne ?

Le général Desvaux vous aura sans doute parlé des pelisses de l'artillerie à cheval qui seront hors de service sans avoir été portées. Il y en a 336 faites et restées en magasin depuis trois à quatre ans. Elles sont tellement mangées par les insectes, que maintenant il serait peut-être difficile, en leur faisant de grandes réparations, d'en mettre 200 en état d'être données aux canonniers ; mais enfin ce serait pour deux compagnies qui, en usant les pelisses, ménageraient les dolimans.

Il serait nécessaire de confectionner maintenant des effets pour les remplacemens de tous ceux qui n'ont qu'une année de durée, tels que culottes, pantalons et bottes.

J'ai l'honneur, mon général, d'être avec respect et attachement,

Le général d'artillerie,
Baron d'ABOVILLE.

---

*L'inspecteur des équipages auxiliaires de la ligne du centre à M. le chevalier de Breidt, agent en chef du même service.*

Schlusternn (Schlüchtern), le 28 octobre 1813.

MONSIEUR,

Depuis la dernière lettre que j'ai eu l'honneur de vous adresser, il s'est passé plusieurs événemens dont je dois vous entretenir.

D'abord les blessés éprouvant chaque

jour les plus grandes contrariétés sur la route d'Erfurt, à cause de la mauvaise volonté des voituriers, j'ai demandé à M. le commissaire des guerres Marchant, qui est à Erfurt, chargé de notre service, de m'envoyer provisoirement les employés disponibles qui se trouvent dans sa place, jusqu'à ce que la route d'Erfurt à Dresde soit rétablie, et qu'ils puissent se rendre aux postes que vous leur avez indiqués.

Cette mesure d'urgence m'a été recommandée, tant à cause des convois de blessés, que pour faire suivre les riz que S. E. monseigneur le comte Daru a ordonné de faire filer jusqu'à Erfurt.

Aucun de ces employés n'était arrivé à Vacha au moment de mon départ.

Un convoi de colis de régimens et un convoi de riz sont restés à Vacha, faute de moyens de transport. Les habitans de cette contrée ont levé le masque, puisque depuis trois jours avant mon départ, aucune voiture ni chevaux ne sont venus en ville, quoique requis. Le commandant de place a envoyé des garnisaires; deux de ces soldats westphaliens ont voulu faire leur devoir, on les a battu très-violemment; les autres se sont amusés à boire, et les paysans ont fait leur volonté.

Malgré toutes les précautions prises par M. Garnot, chef de parc, et M. Petet qui ont veillé une partie des nuits, on a volé des riz au magasin. Le Commandant d'armes avait doublé de soin pour la conservation de cette précieuse denrée, en mettant pour les garder un caporal et deux hommes. On leur a donné à boire des liqueurs fortes, et on les a enivrés. Informé de cette manœuvre, j'ai fait relever ces hommes par d'autres; le commandant les a fait punir, mais on n'a pas changé de conduite. J'ai dû chercher la cause de ce désordre, et j'ai trouvé que l'approche de l'ennemi rendait les habitans mutins et les soldats westphaliens sans respect pour leurs chefs.

Le commissaire spécial chargé des voitures s'entend avec toute cette horde de brigands ; enfin la vie des employés et agens français n'est point en sûreté dans cette place. Au moment de mon départ avant-hier, l'ennemi était à Hersfeld, à cinq lieues de distance.

J'avais écrit le matin la lettre ci-jointe au sous-préfet : je l'avais fait partir en toute hâte par un gendarme ; j'ignore ce qu'il aura répondu à M. Garnot.

Sur la demande de M. le préfet de Fulde, je me suis rendu, la nuit du 30 au 1er., en cette ville, et j'ai conféré avec lui et le commandant supérieur et le commissaire des guerres. Le service des équipages était entièrement dérangé ; les habitans refusaient, et les chevaux avaient été conduits dans les bois, parce que M. le général Noirot, conduisant tous les dépôts de cavalerie, avait emmené dans sa course rapide toutes les voitures des gîtes précédens depuis Leipsick; la crainte bien naturelle de perdre leurs voitures a forcé les paysans de fuir.

Pour les rassurer, M. le préfet m'a fait parler à tous les baillifs assemblés. Je leur ai rappelé que jamais on ne leur avait forcé leurs paysans avant le passage de la colonne de M. le général Noirot; que je promettais de me porter de ma personne sur la ligne pour rétablir l'ordre; et pour preuve, je me suis porté à Schlusternn, d'où, le soir même hier, j'ai fait partir la totalité des voitures arrivées. Des chasseurs d'un régiment à cheval voulaient passer le gîte avec cinq voitures; je les ai contraints presque par force de les rendre; les paysans et les autorités, témoins de cette mesure, en parleront dans le pays, et j'ai la certitude de rétablir, non sans peine, le service.

Un convoi de canons, escorté par une

colonne, se rend aujourd'hui à Fulde ; il lui a été fourni, à trois heures du matin, deux cents chevaux et les voitures nécessaires. Je saisis cette nouvelle occasion de rendre justice à M. Horix : on ne peut montrer plus de zèle. Veuillez, je vous prie, m'envoyer son brevet de sous-chef.

Je dois revenir à ce qui regarde Vach. Tant qu'il n'y aura pas une garnison française dans cette place et un commandant français, je puis assurer à M. le comte Daru qu'il doit craindre pour cette précieuse denrée.

Le commandant qui est dans cette place fait tout pour le bien ; mais s'il n'a pas des soldats français, le service manquera. Les Westphaliens s'entendent avec les paysans, et pour dire toute la vérité, font tout pour entraver le service.

J'ai l'honneur de vous renouveler l'assurance de mon respect.

MAUCHRÉTIEN.

*A S. M. l'Empereur et Roi.*

Sire,

J'ai l'honneur d'adresser à S. M. I. et R. quelques idées que les circonstances seules ont fait naître. Je n'ai eu en vue que de donner à S. M. une nouvelle preuve de mon zèle et de mon dévouement pour sa personne sacrée, et de faire quelque chose qui puisse lui être agréable.

Si mon plan a l'assentiment de S. M., je la supplie de vouloir bien me faire désigner pour concourir à son développement, connaissant l'organisation des bataillons et le choix des chevaux.

J'aurais une grâce à demander à S. M., ce serait d'être membre de la Légion d'honneur, faveur que j'ai gagnée par vingt-deux ans de service non interrompu, dont dix dans le grade de capitaine, par des actions d'éclat, et trois blessures.

Cette faveur a été sollicitée plusieurs

fois, et notamment par S. A. I. le prince vice-Roi.

Je suis avec un très-profond respect, Sire,

De V. M. Impériale et Royale,

Le très-humble, très-obéissant et fidèle sujet,

L'aide-de-camp, capitaine SERVIN.

*Francfort-sur-le-Mein, le 24 septembre 1813.*

SIRE,

J'AMAIS la France n'avait eu des ennemis si nombreux et si puissans, jamais S. M. n'avait déployé autant d'énergie d'activité et de génie, une armée formidable créée comme par enchantement et commandée par le plus grand capitaine de l'univers, a fait des prodiges de valeur, et aurait dû apprendre à l'ennemi ce que peuvent des Français conduits par leur Empereur; mais la haine, la passion inséparable de la déloyauté de l'astuce, de la perfidie et de la trahison, ne calcule point, et de là il s'en

dimit que les trésors s'épuisent, que e
pays se dépeuplent, et que les gouvernemens se désorganisent. Tel sera, Sire, le sort qui attend les puissances qui sont en guerre avec S. M.

Des alliés faibles et incertains, dont les sacrifices se font forcément, peuvent à chaque instant se détacher de votre cause, et produire des résultats facheux : la France, Sire, ne compte guère sur leurs secours; elle est prête à faire de nouveaux sacrifices pour réparer les pertes, suites inévitables des fatigues, des combats et des batailles. Elle s'attend au nouvel appel que S. M. Impériale est dans le cas de lui faire pour soutenir et couronner des commencemens si merveilleux. La nation reconnaissante est prête, s'il le faut, à se lever en masse pour écraser les téméraires qui veulent l'humilier, et donner à S. M. une nouvelle preuve de son dévouement et de son amour pour sa personne sacrée.

Il est donc du devoir, Sire, de tout gouvernement de pourvoir à sa sûreté et à sa conservation ; quand les ennemis puissans cherchent par tous les moyens que le crime suggère, à détruire, à désorganiser.

En conséquence, j'aurai l'honneur de soumettre à S. M. quelques idées que les circonstances ont fait naître. Ce serait d'organiser une armée de quatre cent mille hommes, dont la moitié serait mise de suite en activité de service et prise dans les classes suivantes :

1°. Quatre-vingt mille hommes pris parmi les employés aux douanes qui existent sur toute la surface de l'empire ; cette troupe, qu'on remplacerait momentanément par les militaires en retraite et les gardes champêtres, serait la première en ligne ; elle est armée, équipée, éxercée, et se bat bien.

2°. Cent vingt mille hommes pris parmi les militaires qui ont obtenu depuis dix ans leur réforme ou leur congé, et qui, à l'époque des conscriptions, se présentent en foule dans les chefs-lieux des départemens pour servir de remplaçans. Dans ce moment ci, il y en a plus de quarante mille sous les armes dans les seuls départemens méridionaux qui font le service des côtes; ces hommes ont remplacé les gardes nationales moyennant de l'argent.

3°. Cent mille hommes pris parmi tous les employés des administrations de l'empire qui, par faveur, se sont soustraits à toutes les réquisitions et conscriptions. L'administration des droits réunis en occupe à elle seule plus de cinquante mille. Cette mesure serait applaudie par l'armée et la nation.

4°. Enfin cent mille hommes pris parmi toutes les classes de la conscription depuis l'an 7 jusqu'à aujourd'hui.

A l'époque de l'équinoxe les canonniers garde-côtes rentrent dans leurs foyers, ils retournent à leurs postes au 1$^{er}$ avril; l'on peut les utiliser pendant six mois.

Il existe encore dans presque tous les départemens des gardes d'honneur à pied, qui, organisés en compagnies de chasseurs et de grenadiers, peuvent donner un surcroît de forces de quinze à vingt mille hommes, superbe troupe, bien armée et équipée, et un peu exercée.

Comme l'artillerie, le train et les convois ont besoin de chevaux, les maîtres des postes de l'empire peuvent en fournir tout équipés, montés et exercés à ce service, conduits par des postillons.

La gendarmerie pourrait fournir six mille chevaux tout équipés.

Par cette levée S. M. I. et R. aura un surcroît de forces qui doit déjouer tous les projets de l'ennemi, détruire ses plans, multiplier ses inquiétudes, et voir ses craintes se réaliser.

L'aide-de-Camp Capitaine SERVIN.

*Francfort sur le Mein, le 24 septembre 1813.*

# MINISTÈRES

DE

L'INTÉRIEUR ET DES FINANCES.

# MINISTÈRES

DE

## L'INTÉRIEUR ET DES FINANCES.

*Le Ministre de l'Intérieur à S. M. l'Empereur et Roi.*

SIRE,

Votre ville de Cherbourg, enrichie par vos bienfaits, appelée à de grandes destinées par les travaux qu'a ordonnés V. M., vient réclamer une faveur qui mettrait le comble à toutes celles qu'elle a reçues ; elle ambitionne de porter le nom de son souverain (1).

---

(1) Nous apprenons par une des lettres ouvertes au bureau de poste ( B. n°. 13 ) que la ville de Cherbourg a voté une députation à cet effet, *d'après l'invitation du ministre de l'intérieur*, c'est-à dire qu'on lui a ordonné de former des vœux ardens pour obtenir cette grâce. Cependant le Ministre a grand soin de

Le conseil municipal, en émettant ce vœu, a exprimé le désir d'être admis à le faire parvenir aux pieds de V. M. au milieu de ses camps.

Je prends la liberté de mettre sous les yeux de V. M. la délibération du conseil municipal et de la prier de me donner ses ordres. Puis-je promettre à la ville de Cherbourg l'espérance de voir son vœu accueilli ? Dois-je autoriser le départ de sa députation ?

Elle serait composée du maire, homme singulièrement recommandable, de messieurs Chantereine, Groult, principaux habitans de Cherbourg, où leurs familles sont depuis long-tems considérées, et de monsieur Cachin, directeur des travaux qui paraît avoir fixé son domicile en Normandie, où, depuis trente ans, il a été honorablement employé, et qui,

---

présenter cette pétition comme un mouvement spontané. Toutes les adresses à Napoléon, dont le Moniteur fait parade, ont une origine semblable.

comme les précédens, est membre du conseil municipal.

Je suis avec le plus profond respect,
Sire,
De V. M. I. et R., le plus fidèle sujet,

Montalivet.

29 *septembre* 1813.

---

MAIRIE DE CHERBOURG.

*Extrait du registre des délibérations du Conseil municipal de la ville de Cherbourg.*

L'an mil huit cent treize, le jeudi vingt-trois septembre à onze heures du matin,

Le conseil municipal de la ville de Cherbourg, dûment convoqué, et réuni au lieu ordinaire de ses séances, le maire récapitulant en peu de mots les avantages inappréciables qui résultent pour la ville de Cherbourg, des immenses travaux entrepris et exécutés par ordre de S. M., et les bienfaits multipliés dont elle se plaît à combler ses habitans, a exprimé le vœu que le souvenir en soit consacré par un témoignage solennel de leur gratitude, et a proposé que des députés soient envoyés près de S. M. y porter l'hommage du respect et du dévouement des habitans de Cherbourg, et en obtenir que leur ville, quittant son ancien nom, en prenne un qui rappelle à jamais les bienfaits du héros auquel elle doit sa nouvelle existence.

Et le conseil, partageant les sentimens du maire, a voté, par acclamation, l'envoi de la députation proposée.

Passant ensuite au mode d'exécution, après avoir arrêté :

1°. Que la députation serait composée de quatre membres ;

2°. Qu'il en serait néanmoins désigné six au scrutin, dont deux pour servir de suppléans en cas d'empêchement de quelqu'un des quatre autres;

Il a désigné par voie du scrutin, à l'unanimité :

MM. le chevalier Delaville, maire, membre de la légion d'honneur et du corps législatif;

Le baron Cachin, inspecteur-général des ponts et chaussées, directeur des travaux maritimes, officier de la légion d'honneur, membre du conseil municipal;

Avoye Chantereyne, négociant, président du tribunal de commerce et membre du conseil municipal, à la presque unanimité;

MM. Collart, payeur de la marine, commandant de la garde d'honneur à cheval, et membre du conseil municipal;

Groult (Jean-Isaac), négociant, commandant de la cohorte urbaine, de la garde d'honneur à pied, et membre du conseil municipal, et à la majorité absolue :

M. Noël, ex-ingénieur des ponts et chaussées, ex-maire, et membre du conseil municipal.

Délibérant ensuite sur l'adresse à présenter à S. M., il a adopté la rédaction ci-après :

*Le Conseil municipal de la ville de Cherbourg à S. M. l'Empereur des Français, Roi d'Italie, Protecteur de la Confédération du Rhin, Médiateur de la Confédération Suisse.*

« Sire,

» Ce fut au milieu des camps et dans
» le tumulte des armes que V. M. con-
» çut la sublime idée de faire creuser
» un grand port militaire dans le roc de

» Cherbourg ; et c'est le jour même où,
» dix ans après, vous remportiez sur le
» nord coalisé la plus mémorable vic-
» toire, que ce port fut ouvert à l'Océan.
» Pendant que vous repoussiez au loin
» les ennemis de la France, votre au-
» guste épouse embellissait de sa pré-
» sence une cérémonie qui constatait
» d'une manière si solennelle et l'immense
» étendue de votre génie et l'inébranla-
» ble fermeté de votre caractère. Depuis
» plus d'un siècle, un glorieux, mais
» funeste événement, avait fait sentir
» la nécessité d'avoir, dans les eaux
» de la Manche, un port et une rade
» capables d'abriter les flottes les plus
» nombreuses ; il fallait une âme ac-
» coutumée à triompher de tous les
» obstacles pour oser entreprendre de
» subjuguer la nature et ouvrir des abî-
» mes où elle avait élevé des montagnes.
» Le ciel, en vous donnant à la France,
» dévoila le secret des hautes destinées

» auxquelles sa providence voulait l'ap-
» peler. Le jour même que vous prîtes
» les rênes du gouvernement, Cherbourg
» fixa votre attention particulière; Cher-
» bourg vous dut une nouvelle existence.
» Sortie par vous de la foule ordinaire
» des villes de votre empire; attirant
» tous les regards du monde civilisé,
» non moins par les étonnans travaux
» déjà exécutés que par ceux qui doivent
» encore ajouter à son importance et à
» sa splendeur, il ne lui reste à réclamer
» de votre bonté qu'une seule faveur;
» mais elle est d'un prix inestimable aux
» yeux de ses habitans, elle est l'objet
» du vœu général que nous venons dé-
» poser aux pieds de V. M. Veuillez,
» Sire, ne pas le dédaigner, et donner
» à votre ville de Cherbourg un nouveau
» gage de la paternelle bienveillance
» dont vous l'honorez, en permettant
» que du nom de son créateur la ville et
» le port que vous venez de fonder por-

» tent désormais le nom de *Napoléon-*
» *bourg.*

» De V. M. I. et R. les très-humbles
» serviteurs et sujets. »

(*Suivent les signatures.*)

---

*L'an mil huit cent treize, le vingt-trois septembre à huit heures du soir.*

Le conseil municipal de la ville de Cherbourg, dûment convoqué et réuni au lieu ordinaire de ses séances, le maire a exposé qu'en désignant les membres de la députation qui doit porter aux pieds du trône le vœu des habitans de Cherbourg, il n'a point été statué sur la manière dont la dépense de la députation serait acquittée, ni fixé le montant de la somme à allouer pour les frais qu'elle doit entraîner, et il a invité le conseil à en faire l'objet de sa délibération.

Et le conseil délibérant, a arrêté unanimement que les frais quelconques de la députation seraient supportés par la caisse municipale ; et, quant au montant de la somme à allouer, qu'elle serait provisoirement fixée à dix mille fr., sauf à la caisse municipale à rembourser ce qui pourrait avoir été dépensé en sus, ou aux députés à rapporter ce qui pourrait se trouver d'excédant dans la somme allouée, leur dépense prélevée ; déclarant s'en rapporter entièrement à leur loyauté.

Et le but de la convocation étant rempli, la séance a été levée (1).

(*Suivent les signatures.*)

---

CAISSE D'AMORTISSEMENT.
*A S. M. l'Empereur et Roi.*
SIRE,

La baisse s'est enfin arrêtée. Le cours des 5 p. 100, qui avait rétrogradé hier après la bourse jusqu'à 63 fr. 15 cent.,

---

(1) La ville de Cherbourg serait en effet fort avancée si elle avait obtenu d'échanger son nom célèbre

s'est ouvert à 63 fr. 25 c., et a remonté jusqu'à 65 fr. ; celui des actions de banque a commencé à 1000 f. et fini à 1020 f. Il n'y a eu aucune variation dans le cours des bons.

Je supplie V. M. d'agréer l'hommage de mon très-profond respect.

BÉRENGER.

29 septembre 1813.

---

dans l'histoire contre le nom baroque de *Napoléonbourg*. Peut-être en réchappera-t-elle avec son ancien nom, puisque la pétition a été retardée par la prise de l'estafette, et que Buonaparte, en ce moment, a des choses plus pressées à faire que de penser à de pareilles balivernes. En tout cas, elle épargnera beaucoup sur les frais de la députation, Napoléon étant venu se rapprocher.

Sur la grande place de Pouzzoles on voit un monument antique qui a servi de piédestal à une statue de Tibère. Les bas-reliefs dont il est orné représentent douze villes de l'Asie mineure, renversées par un tremblement de terre et rebâties par les soins de cet empereur, à qui elles offrent l'hommage de leur reconnaissance. S'il ne restait plus d'autre souvenir du règne de ce tyran que ce monument, si Tacite était perdu, on pourrait croire que Tibère a été l'un des bienfaiteurs de l'humanité.

CAISSE
d'Amortissement.

SITUATION
de la Caisse d'Amortissement
au 29 septembre 1813.

|  | EFFETS en PORTE-FEUILLE. | CAISSE. | Effets militaires. Caisse et Porte-Feuille. |
|---|---|---|---|
| Soldes en Caisse et Porte-Feuille au 28 dudit... | 51,690,352 67 | 788,933 61 | 1,492 46 |
| Recette............. | 398,049 41 | 871,932 4 | .. |
| Totaux.... | 52,088,402 08 | 1,660,865 65 | .. |
| Dépense..... | 54,810 76 | 121,230 34 | .. |
| Soldes en Caisse et Porte-Feuille............ | 52,033,591 52 | 1,539,635 34 | 1,492 46 |
| Espèces..... { A la Caisse de service......... | .. .. .. | | |
| { En Caisse...... | 1,539,635 34 | | |
| | .. .. .. | | |
| | .. .. .. | | |
| Somme égale................. | .. .. .. | | |

Caisse de Service cpt°. courant, débitrice   14,278,738 04
    id.      cpt°. des bons, créancière   8,576,954 41
( Certifié véritable. )

Le Sous-Caissier de la Caisse d'Amortissement,

NUGUES.

# EXTRAITS

## DE LETTRES PARTICULIÈRES

### ECRITES DE PARIS ET DE L'INTÉRIEUR

AU GRAND QUARTIER-GÉNÉRAL DE L'ARMÉE FRANÇAISE.

# EXTRAITS

## DE LETTRES PARTICULIÈRES

*Écrites de Paris et de l'Intérieur au grand Quartier-Général de l'Armée Française.*

---

### N°. I.

### *A M.—*

St.-Cloud, 29 septembre 1813.

J'ai enfin reçu hier, mon ami, ta lettre du 20 où tu me dis qu'Edmond est prisonnier (1). Il y avait long-tems que j'étais sans nouvelles; peut-être avais-je une lettre dans le paquet de l'estafette

---

(1) Le colonel comte Edmont de Talleyrand, qui fut fait prisonnier le 19 septembre par les généraux Illowaïsky et Dobschutz, avec la plus grande partie de trois régimens de chasseurs français. Voyez le *Bulletin de l'armée combinée du nord de l'Allemagne*, du 22 décembre.

enivrée et volée près de Château-Thierry, car je ne puis croire qu'étant au quartier-général, tu sois resté dans un pareil moment douze jours sans m'écrire. On est ici dans une grande agitation. La manière dont on nous fait la guerre rappelle ce mot de M. de Romanzoff à M. Dryer, en parlant de l'Empereur : « Il faut l'user ».

N°. II.

*A M. le comte de Talhouet, colonel du 6e. régiment de chasseurs à cheval.*

St.-Cloud, le 28 septembre.

Le général Lauriston m'a fait donner de tes nouvelles du 14; Galbois m'en donne de ta part du 18; Emmanuel est aussi exact à parler de toi : avec ces attentions j'ai le bonheur d'être quelquefois rassurée sur ta santé ; et, au milieu des dangers que tu cours si souvent et d'une campagne aussi fatigante, j'ai besoin d'être quelquefois rassurée pour ne pas succomber aux bien vives inquiétudes que j'ai pour toi. Deux années de suite vivre dans un pareil tourment, c'est au-dessus des forces humaines. On traîne son existence, on craint et on désire toujours le lendemain. La Providence a encore veillé sur tes jours. Deux chevaux tués sous toi! cela me glace encore d'effroi. Le ciel te conservera pour mon bonheur et pour celui des malheureux à qui ta bienfaisance est si utile.

Il faut que nos succès nous donnent la paix. Avec quel bonheur on apprendrait qu'on va la signer! Le tems n'a jamais été moins favorable. Dans l'automne les pluies sont continuelles, cela double vos fatigues, et les chemins s'opposent alors aux mouvemens des armées.

Je suis renommée de service ordinaire, j'en aurai fait dans mon année sept mois et demi. N'ayant pas eu le projet de m'éloigner de Paris à cause des nouvelles, cela me gêne moins, et cela me permettra au moins d'aller passer l'été prochain à la campagne. Si j'étais assez heureuse pour t'avoir avec moi, je trouverais l'Heule le plus beau séjour de la terre. J'ai besoin souvent de me porter à cette époque ; mon courage est si faible.....

---

### N°. III.

*A M. le baron de Fezensac, général de brigade.*

*Le 28 septembre.*

Enfin vous vous portez bien, et jusqu'alors au moins le ciel vous avait préservé. Je ne cesse de le prier pour vous, mon enfant. Ah! combien j'aurais besoin de vous revoir, d'être tranquille sur votre existence, pour avoir quelques bons momens dans ma vie !

Ma santé n'est pas mauvaise; cependant j'aurais besoin d'un peu de calme et de repos d'esprit. Je n'en connais pas le moyen à la distance où je suis de vous, mon enfant, et dans la position où vous êtes. Adieu, mon cher Aimery ! on nous donne tant d'inquiétudes sur la difficulté de faire passer les lettres, que je n'ose pas faire celle-ci plus longue, etc., etc.

## N°. IV.

*A M. le comte Bertrand, commandant en chef le 4°. corps de la grande armée.*

*Paris, le 28 septembre.*

Madame Taviel est bien inquiète de son mari dont elle n'a pas de nouvelles. Parle-moi de ce général nominativement. Je ne puis me décider encore à apprendre à madame C. la mort de son fils. Cher ami, c'est une pénible commission qui me fera de tristes momens.

Hélas ! je n'avais pas besoin de ce nouveau sujet de tristesse.

J'ai toujours dans la tête que j'irai te rejoindre pendant les quartiers d'hiver, ou bien si la paix se faisait et que tu revinsses, nous irions à Châteauroux...

J'ai appris avec bonheur que Sa Majesté avait été contente de toi ; tu as fait des prodiges de valeur.

J'espère qu'à présent tu es bien convaincu que tu sais commander : l'expérience est assez longue, tu te tireras de tout également bien. Il est bien doux pour moi, mon bien aimé, d'entendre partout chanter tes louanges. Tout le monde, en lisant ce bulletin, a dit : « Ah ! s'il avait été soutenu, il aurait encore gagné cette bataille comme celle de Wurtchen ». Je ne suis pas modeste, mais je ne puis m'empêcher de te dire ce que j'entends. On parle un peu de paix ; ah Dieu ! je ne me livre plus à l'espérance.

N°. V.

*Au même.*

*Paris, le 29 septembre.*

......J'ai reçu hier, de Dax, en date du 22, une lettre du chevalier B. L. Il donne quelques détails sur la sublime défense de Saint-Sébastien ; il parle bien de la position de nos forces sur les frontières au-delà de Saint-Jean-de-Luce.

......Dis donc un mot positif de M. de Taviel, pour tranquilliser sa femme qui est désolée de la perte de son frère.

N°. VI.

*A M. le baron Taviel, commandant en chef l'artillerie du quatrième corps.*

*Paris, 29 septembre.*

......Pour moi, ma santé à toute épreuve ne doit te laisser aucune inquiétude ; mais j'ai l'ame bien malade et je suis profondément affectée. Mes regrets dureront toute ma vie ; mes malheureux parens ne savent pas encore l'affreuse perte que nous avons faite; je ne puis prendre sur moi de la leur apprendre, ni cacher ma tristesse.

Mes amis veulent me donner une lueur d'espoir qu'ils n'ont pas eux-mêmes, je crois. Dis-moi, mon ami, a quel point je puis m'y livrer. Ils me disent qu'il est possible qu'il n'ait été que blessé et laissé sur le champ de bataille, et qu'il ait été recueilli et soigné par les ennemis. Au nom du ciel, tâche de découvrir ce qu'il en est, fais-toi informer dans tous les hôpitaux, si la chose est possible, et fais-lui remettre de l'argent; mais je ne crois pas que ce bonheur me soit réservé.

Tu ajoutes à mon chagrin celui de n'avoir pas de tes nouvelles; écris-moi, je t'en supplie, écris-moi souvent un mot dans les dépêches du général Bertrand. Son oncle, M. B., sachant à quel point j'étais inquiète de toi, a eu la bonté de venir me voir et de me rassurer. Je suis bien persuadée que tu ne m'écris pas pour ne pas m'apprendre ce malheur, et ton silence est pour moi une peine de plus.

Mon cher ami, pense sérieusement à te retirer, aussitôt que la chose sera possible. Tu sers pour faire un sort à tes enfans; mais pense combien ils seraient malheureux s'ils te perdaient; pense que j'ai besoin d'un peu de tranquillité dont je n'ai jamais joui. Nous aurons peu, mais nous saurons vivre de peu; la pauvreté même serait préférable à l'aisance achetée par tant d'inquiétudes et de tourmens, et cette aisance nous ne l'avons que de toi. Adieu, etc.

## N°. VII.

*A. M. le baron Dufresne, inspecteur aux revues, employé près S. A. le prince major-général.*

29 septembre.

Je ne sais si l'on m'a donné un renseignement exact, M. le baron, mais on m'a assuré que dans les bureaux de S. A. on avait quelques moyen d'obtenir des renseignemens sur des officiers perdus dans la dernière campagne. Mon malheureux frère était de ce nombre, et je donnerais tout au monde pour avoir connaissance de son sort. Il est venu jusqu'à Wilna, et y est resté malade après l'évacuation.

J'ose joindre ici une note à son égard, sans néanmoins me flatter que vous aurez le moment de vous en occuper. Je l'espérerai du moins, et cela soutiendra mon cœur navré du plus vif chagrin, lorsque je songe à mon pauvre Gottis, etc.

## N°. VIII.

*A M. le général baron Delort, chef d'état major du quatrième corps.*

*Milan, le 20 septembre.*

En huit jours je me mettrai en route

pour Vineuil. Je serais encore partie pour Vic ; mais j'ai reçu hier une lettre de ton père ; voici mot à mot ce qu'il me dit : « Il est plus vraisemblable que vous
» irez joindre votre mari qu'il ne
» vienne vous joindre. Si vous devez
» passer l'hiver dans le pays qu'il ha-
» bite, je crains que vos enfans ne souf-
» frent de la rigueur du pays. S'il y avait
» quelque danger pour eux, il vaudrait
» mieux passer l'hiver à Trieste. » Je m'en vais lui écrire que j'ai été forcée de quitter Trieste, que je me suis arrêtée à Milan pour attendre tes ordres ; que là j'ai reçu ta lettre qui m'annonce d'aller à Vineuil, parce que la communication des lettres sera bien plus facile, et que tu pourrais obtenir d'aller à Paris, comme je l'espère bien aussi. Gaultier m'écrit qu'il ne serait pas prudent d'aller à Vic, parce qu'on ignore ce qui peut se passer à vingt-huit lieues de là ; que ton père n'y sera pas en danger, mais que pour

moi il peut y en avoir. Le frère de Gaultier qui est à Vic, vient de lui écrire sur cet article, je pense bien qu'il t'en aura fait part.

......Si le général Vignolle reste en Illyrie, madame se propose d'aller à Paris ; peut-être ferons-nous le voyage ensemble.

Je n'ai plus d'espoir d'avoir des lettres de toi. J'ai reçu celle de Sprottau, ou tu me dis : « Si la campagne commence, elle ne sera guères que d'un mois ou de cinq semaines (1). » Dieu le veuille, car je ne résiste plus à toutes ces inquiétudes. On m'a dit que tu dois t'être trouvé devant Berlin. Écris-moi de suite à Vineuil, pour que je trouve de tes lettres en arrivant, pour me donner

---

(1) Quel mécompte, monsieur le général ? Il n'y aura plus de ces campagnes terminées en quelques semaines ; le tems en est entièrement passé.

de la tranquillité dont j'ai si grand besoin.

Gaultier n'a pas été sans danger à l'évacuation de Trieste : il s'est trouvé en bateau à la barbe des Anglais ; on s'est battu à Trieste même sur la place Saint-Pierre. Le colonel Rabie ayant demandé du fort une soixantaine d'hommes, la fusillade s'est engagée ; on a tué et blessé quelques Autrichiens, qui se sont retirés au Bosquet ce jour-là pour reprendre la route de Fiume.

---

## N°. IX.

*A M. le Baron Mounier, Secrétaire du Cabinet, à la suite de l'Empereur.*

*Coblentz, le 30 septembre.*

......Voilà ce pauvre M. D. dans un cruel embarras. Le Roi de Westphalie est venu dans son voisinage, et ses équipages sont ici. Peut-être S. M. viendra-t-elle aussi ici.

N°. X.

*A M. le Lorgne Dideville, Auditeur au Conseil d'état, l'un des Secrétaires interprètes de l'Empereur.*

*Amsterdam, le 23 septembre.*

MONSIEUR,

M. Devilliers Duterraye, persuadé que je justifierai de plus en plus les bontés qu'il a pour moi, vient d'écrire à S. E. le duc de Rovigo pour que je fusse incessamment nommé Commissaire de Police à Paris, c'est à dire pour que j'obtinsse la première place vacante ; et pour mieux assurer ses espérances et les miennes, il m'a conseillé de vous en écrire de suite pour que vous ayez l'extrême bonté de me recommander au Duc qui bien sûrement fera tout pour vous, d'après le degré de votre intimité avec lui.

Pardonnez-moi, Monsieur, je sens combien souvent je vous importune ;

mais il s'agit du bonheur de ma famille à laquelle vous voulez bien vous intéresser, et j'ose compter sur votre appui dans cette circonstance.

Un de mes camarades, dans l'administration depuis deux ans, vient d'obtenir un Commissariat spécial, et moi qui depuis douze ans travaille utilement sous les yeux du Directeur général, je suis totalement oublié si vous ne venez à mon secours. Je ne demanderai point d'autre avancement que celui que vient de solliciter pour moi M. Devilliers, des affaires majeures exigeant ma résidence à Paris.

Daignez, je vous en supplie, Monsieur, ne pas tarder à me mettre dans les bonnes grâces du Ministre, ainsi que déjà vous avez eu la bonté de le faire, et soyez bien convaincu de ma vive reconnaissance.

Votre très-humble et très-obéissant serviteur, WILLEMENET.

*P. S.*—Emilie est assez bien portante. Son bureau ne va pas très-bien, elle est française et je suis Commissaire de Police; ces deux points sont fort nuisibles à sa recette, car MM. les Hollandais n'aiment guère la nation française.

Madame la Receveuse se rappelle à votre bon souvenir.

---

N°. XI.

*A M. le Directeur N. N.*

(L'enveloppe de cette lettre s'est perdue.).

29 *septembre.*

CHER DIRECTEUR,

......Depuis la publication de l'avis qui prévient de la possibilité d'un retard dans la correspondance entre le quartier impérial et Paris, l'inquiétude publique a pris le *mors aux dents*. On bavarde, on fait des contes, on déraisonne à qui mieux mieux. Ce qu'il y a de plus triste à tout cela, c'est que la rente baisse tous les jours : mais un bon coup d'éperon suffira pour remettre l'opinion de cet écart.

Agréez les vœux de votre solitaire,
PICARD.

## N°. XII.

*A M. N. N.*

(L'enveloppe de cette lettre s'est perdue.)

*Le* 28.

......Il serait impossible que je te dise combien les bulletins d'hier qui parlent de la maladie du Prince de Neufchatel m'ont affectée, car c'est au moment où j'apprends ses bontés pour toi. Je me flatte cependant que tes soins auront le même succès que l'année dernière, et que tu auras le bonheur de sauver à S. M. un homme si précieux pour son service et pour son cœur, et à toi un protecteur si bon et si aimable.

« Nous sommes ici menacés par un article du journal d'hier d'être quelques jours sans nouvelles de l'armée. Tu jugeras facilement combien cela donne d'inquiétude à ceux qui, comme moi, ne peuvent avoir d'autre bonheur en ce moment qu'en recevant souvent des lettres de ceux qui leur sont chers. J'en suis vraiment désolée. Comment peut-on mettre dans les journaux des articles aussi mal-adroits, qui causent une inquiétude générale, qui font baisser les fonds publics, et sans doute font presqu'autant de mal qu'en pourrait faire l'annonce d'une défaite : même si cela est vrai, pourquoi le dire, quand cela produit un si mauvais effet ?

---

N°. XIII.

*A M. le Général de Division Baron Corbineau, Aide-de-Camp de l'Empereur.*

Paris, le 28 septembre.

..... Cependant toutes ces emplettes

doivent être subordonnées à tes moyens pécuniaires qui, s'ils augmentent, seront plus utiles ici pour payer l'arrangement de la maison. Je me fais une grande fête de te la faire trouver comme un miroir, et bien rangée. La Flandre ne produit rien; Paris, pas grand chose, et la Westphalie rien au monde.

J'espère cependant que la nouvelle gestion nous fera toucher une partie de ce qui est dû.

## N°. XIV.

### A N. N.

*( L'enveloppe de cette lettre s'est perdue.)*

*Le 29 septembre.*

......Je crois que tes idées ne sont pas précisément tendues à la galanterie, quoique tu habites cependant un pays qui doit te rappeler d'heureux souvenirs, et qui sans les fâcheuses circonstances te fournirait encore d'aimables occasions de passer ton temps. Nous y reviendrons, j'espère; mais en attendant ce joli temps des caresses, battons-nous tant que nous pourrons, faisons des prisonniers tant que nous pourrons, prenons des canons tant que nous pourrons, enfin prenons le diable et l'enfer, et quand nous n'aurons plus rien à prendre, nous nous reposerons. C'est un temps où je voudrais bien être arrivé. Ici dit-on assez de sottises? Je le crois: mais il n'en est pas moins vrai qu'elles produisent un très-mauvais effet sur *les effets* publics, et c'est très-malheureux, puisque la misère ne peut qu'être le résultat de semblables bruits. Quand ça finira, nous serons tous contents, mon pauvre ami; nous pourrons au moins nous voir et jouir un peu de la vie, qui ne devrait se passer que dans le bonheur en raison de sa courte durée.

No. XV.

*A M. le Comte Dumas, intendant-général de la grande armée.*

Ceuilly, ce 27 septembre.

Monsieur et cher Cousin,

Vous avez vu mon frère pendant son séjour à Dresde, et vous avez pu juger de l'état où l'a mis la cruelle blessure qu'il a reçue. Je ne pense pas qu'il puisse jamais servir, car, au lieu de se guérir, sa bouche est en plus mauvais état que lors de son arrivée; huit dents qui ont été ébranlées par la balle, menacent de tomber, et six qu'il a déjà perdues lui ôtent la possibilité de manger, si ce n'est de la soupe, de la mie de pain du jour, et vous savez qu'en campagne, il est peu facile, sur-tout à un sous-lieutenant, de se procurer toutes ces choses.

Je vous prie donc, mon cher cousin,

de me faire savoir le moyen à employer pour lui faire obtenir sa réforme et une des places que l'Empereur daigne accorder aux officiers blessés. Je vous aurai une bien grande obligation si vous pouvez lui rendre ce service; il fera de son côté tout ce qui dépendra de lui pour bien remplir la place qu'il pourra obtenir, etc., etc.

## N°. XVI.

*A M. Tornezy, Inspecteur des postes de la grande armée.*

*Paris, le 29 septembre.*

C'est au hasard que je t'écris, mon Auguste, je ne sais s'il part des estafettes. J'enverrai toujours cette lettre à M. E., en le lui faisant demander. Ce que j'ai vu dans le journal ne m'affligeait pas trop, parce que j'avais l'espoir que l'estafette viendrait toujours; mais chacun me l'ôte, et je commence à craindre de ne plus recevoir de lettres de toi.

Nous avons eu hier la visite de M. B. Il me demandait si tu n'étais pas à Gotha; je lui ai dit que je te croyais à Dresde; il m'a dit que leurs camarades étaient là. Je pense bien que tu n'as pas encore quitté Dresde; j'en serais bien aise si tu revenais, mais je n'espère pas te revoir de sitôt. J'aimerais bien mieux te voir ici que là-bas. J'ai une peur affreuse que l'on ne te fasse prisonnier. Cette idée me désole et me poursuit partout; juge, d'après cela, de mes inquiétudes si je ne reçois pas de tes nouvelles.

## N°. XVII.

*A M. le Baron Larrey, chirurgien en chef de la grande armée.*

*Fontenai, le 26 septembre.*

Je vis ici toujours dans l'attente, et les nouvelles ne me donnent point l'espérance de te voir cet hiver. Je pense que, mieux informé que moi, tu n'en es pas plus heureux. Ce n'est pas vivre, mon pauvre ami, c'est mourir. Où es-tu à présent? Je l'ignore; nous sommes tous ici dans une attente pénible. Ne te décourage pourtant pas, car c'est ce qui fait le plus de mal.

.....Son projet à présent est de te voir cet hiver à Dresde, si vous y prenez vos quartiers d'hiver, comme tout le fait craindre. Moi seule ne puis me bercer d'espérances vaines, et j'en souffre davantage.

....J'ai reçu une lettre de ton oncle qui est bien tourmenté. On veut faire partir son second fils pour Bayonne; il se désole. Dans le tems j'avais, d'après ce que tu m'avais écrit, fait toutes les démarches pour lui; mais mon oncle me pria de tout suspendre; et à présent le tems presse et la possibilité n'est plus la même.

N°. XVIII.

*A M. Benoit, Chef de bureau de la division de l'ouest au ministère des relations extérieures.*

*Paris, le 28 septembre.*

....J'ai été bien heureux d'apprendre que tu te portais bien, c'est une inquiétude de moins. J'en ai assez ; on nous menace dans les journaux d'être quelques jours sans recevoir des nouvelles, ce silence m'inquiète toujours. Que je serai heureux le jour où tu me donneras l'espoir d'un retour ! Que nous serons heureux lorsque nous apprendrons que de grands succès nous acheminent à un long repos !

Nos effets baissent toujours : la rente 55 à 50, la banque 1040. Tout cela se remettra bientôt, nous l'espérons autant que nous le désirons.

Nous allons demain revoir mademoiselle George dans Iphigénie en Aulide : voilà la nouvelle importante du jour.

N°. XIX.

*A M. d'Leindre, directeur de l'estafette impériale.*

*Paris, 29 septembre.*

.....Je n'ai rien de bien intéressant à t'apprendre : tous nos regards, toutes nos pensées sont tournées vers la Saxe. Les arts cependant viennent de faire une grande perte par la mort de Grétry. Tu verras dans les journaux le détail de ses obsèques, qui est encore loin d'exprimer ce qu'elles ont eu d'attendrissant.

N°. XX.

*A M. le Baron Finot, directeur général du parc du génie.*

*Avalon, 25 septembre.*

....Je dois donc perdre l'espoir de te voir de si tôt. Si cependant il y avait des quartiers d'hiver, me ferais-tu venir? J'espère. Enfin voilà quatre courriers, et je n'ai pas de tes nouvelles. J'en suis vraiment malade d'inquiétude, sur-tout dans une vilaine ville comme celle-ci, où l'on débite tant de fagots.

.... Je suis lassée de cette vie : on ne vit pas, cela s'appelle mourir mille fois par jour. Ah! mon bon ami, si tu te trouvais seulement une semaine à ma place, tu sentirais ce que c'est que les craintes de savoir l'être qui nous attache à la vie, exposé tous les jours à de nouveaux dangers! Ah! pénètre-toi bien de cette idée, et tu sauras apprécier ce que tu crois valoir mieux pour ta malheureuse amie, des honneurs ou du repos. On me mande de Paris qu'il y circule un bruit de paix. Ah! si cela pouvait être vrai, quel bonheur!

### N°. XXI.
*A M. de Luppé.*

*Le 28 Septembre.*

... Vous me donnez, mon ami, une

affreuse commission que je n'ai pas encore eu la force de remplir. Comment annoncerai-je à cette malheureuse femme le malheur le plus affreux ? Je n'ai pas besoin de m'attrister, je le suis assez depuis six mois. Enfin je tâcherai de prendre courage, et d'annoncer le plus doucement possible à Madame C. la mort de son fils. Pour ma part, je le regrette sincèrement; il sera remplacé difficilement. Au reste, j'ai porté malheur aux deux aides de camp que j'ai protégés auprès du Général.

.. On parle aujourd'hui de paix, je n'ose me livrer à un espoir si doux, mais au moins j'espère revoir mon pauvre mari pendant les quartiers d'hiver. Je n'y tiens plus; il y a six mois que je suis séparée de lui, et je sais seule tout ce que j'ai souffert.

Je vous prie, mon cher, de me donner des nouvelles du Général Taviel; je crains qu'il ne lui soit arrivé malheur.

Il ne m'envoye plus de lettres pour sa femme qui est d'une inquiétude mortelle; elle vient me voir sans cesse et je ne puis la calmer. Dites moi tout de suite si ce Général se porte bien.

## N°. XXII.

*A M. le Chevalier Boudier, Commissaire Général pour le Service des Postes et Estafettes.*

*Paris le 29 Septembre.*

... JE voudrais bien connaître le résultat des affaires actuelles. Puisse le génie de l'Empereur lui faire surmonter les obstacles?

## N°. XXIII.

*A. M. le baron de péborde, premier Médecin Chirurgien de S. M. le Roi des Deux Siciles.*

*Le 14 septembre.*

... J'ai vu avec plaisir que S. M. (le

Roi de Naples) commande toute la cavalerie. Je pense bien aussi qu'il sera nécessaire qu'il la commande aussi en Espagne. Il y a urgence.

---

## N°. XXIV.

*A. M. Garnesson, Employé dans les Bureaux du Payeur Général.*

Le 1<sup>er</sup>. octobre.

.... Nous sommes affligés de savoir notre pauvre ami Louis A. prisonnier, mais nous devons nous féliciter de ce que nous n'ayons pas un événemen plus triste encore à déplorer sur son compte. Je n'ai heureusement pas reçu la lettre où tu m'annonçais sa mort; mais pareil avis est malheureusement parvenu à Paris, et à ma femme qui en a été bien bouleversée. La Princesse cependant avait fait dire qu'il n'était que prisonnier. Reste à savoir s'il est blessé dangereusement. Je me plais à croire que non, d'après ta lettre, mais je te prie instamment de me dire tout ce que tu en sais.

## N°. XXV.

*A. M. le Général baron Reiset, Commandant la* 2eme. *Brigade de la* 3eme. *Division du* 1er *Corps de Cavalerie.*

*Mayence, le 30 septembre.*

Voila donc Louis prisonnier, mon ami, et de plus blessé; nous ne savons pas encore s'il l'est dangereusement. J'espère que non, puisque M<sup>r</sup> M. dit qu'il va assez bien. Voilà où mènent les honneurs militaires, voilà comme le bonheur finit! Cela m'effraie bien pour toi, cher ami. Dieu me préserve d'un tel malheur, ou qu'il m'ôte la vie en même tems, ainsi qu'à nos pauvres petites filles qui seraient trop malheureuses d'être privées de nous deux. Je ne forme pas de vœux pour ton avancement; cela me paraît peu intéressant maintenant que j'ai tout à craindre. Tout ce que je demande au ciel, c'est que tu existes et que tu me reviennes sans être estropié. La paix me paraît impossible maintenant, je ne vois pas de terme à nos maux.

## N°. XXVI.

*A. M. le baron de saint-Didier.*

*Paris le 29 septembre.*

A mon grand étonnement et à mon grand plaisir j'ai reçu hier les N°$^{os}$. 120 et 121 du 21 et du 23, comme s'il n'y avait plus de cosaques, en cinq jours de tems. Madame D. tenait la sienne du 23, nous étions radieuses. L'autre comtesse est chez sa belle-sœur pour jusqu'à demain. Je ne sais si elle aura été aussi heureuse que nous. Madame C. fait une figure encore plus longue que de coutume, de ne pas avoir des lettres; mais comme je puis lui lire tout courant celles de papa, elle n'est point inquiète, et ce ne sera pardi pas moi qui la troublerai. Elle part lundi prochain et je n'ai pas envie de la prévenir; d'ailleurs, je ne saurais quelle figure faire à ses doléances, je n'ai pas un magasin de soupirs pour les indifférents.

... Enfin j'ai soigné tes enfans comme le roi de Rome pourrait l'être; ces dames peuvent t'en rendre bon compte.

... Quant à moi, je suis si lasse de notre séparation que les paroles me manquent même pour t'en parler; c'est là où mon courage se brise comme mon cœur.

## N°. XXVII.
*A M. Maret, commissaire ordonnateur du 4e. corps de l'armée.*

*Châtillon, le 26 septembre.*

Mon ami, depuis quinze jours je ne reçois plus de tes nouvelles; je suis d'une inquiétude que je ne puis te peindre; quand sortirai-je de cette perplexité?

Elle est aussi pénible pour tes enfans que pour moi, surtout Théodore, qui est en âge de le mieux sentir que les autres. Les nouvelles ne disent rien ; les politiques ne savent que penser, et les méchans exercent leurs langues; mais je ne veux plus les croire, car ils me feraient mourir à petit feu par leurs mauvaises nouvelles. Ecris-moi et je serai satisfaite; surtout dis-moi que ta santé est bonne; donne-moi des détails sur mon fils et sur les messieurs qui sont avec toi.

## N°. XXVIII.

### A M. Ferneau.

*Blois, le 23 septembre.*

..... Nous avons cru devoir vendre tes habits que les teignes auraient mangés. La difficulté de te faire passer le linge nous a fait tout vendre, et cela va t'être utile, car les années ne sont pas assez favorables pour mettre rien de côté. Le commerce allant très-mal, on a peine à se défaire de ses denrées et à très-bas prix.

## N°. XXIX.

*A M. le baron Joannés, chef d'escadron des chasseurs à cheval de la garde impériale.*

Paris, le 28 septembre.

Nous partons enfin pour V., et je m'en vais avec le chagrin de n'avoir pas de tes nouvelles depuis ta lettre du 14. J'ai vu dans un bulletin du 17 que *la cavalerie de la garde* avait donné. C'est assez te dire, mon bon ami, les tristes inquiétudes qui m'accablent, et dont je voudrais ne pas te parler puisque cela ne sert qu'à te faire éprouver des tribulations nouvelles. Mon cher ami, malgré la manière dont on dit que nous n'avons perdu aucun officier de marque, tout mon cœur est bouleversé. Je vais à la campagne, non pas pour y prendre de la dissipation, mais pour ne pas trop me livrer aux cruelles angoisses dont je suis sans cesse obsédée.

## N°. XXX.

*A M. Robusson, chef d'escadron aux chasseurs à cheval de la garde impériale.*

*25 septembre.*

Je ne te peindrai pas, cher bien-aimé, la tristesse de mon isolement, ni le chagrin de mon pauvre cœur... Prie Dieu de nous réunir bientôt ; il nous faut la paix pour cela : ah ! comme je la désire, comme je l'attends !...

## N°. XXXI.

*A M. Joannin.*

*29 septembre.*

M. Labesnardière ne manque jamais quand je reçois une estafette, de me demander quelle date elle porte. Je ne puis le satisfaire si je n'ai aucune lettre pour moi, et c'est ce qui arrive le plus souvent. Une chose qu'on ne croirait pas, et qui est pourtant vraie, c'est qu'au moyen des nombreuses lettres particulières que nous transmettons journellement, on est mieux instruit au dehors que dans le ministère même, et beaucoup plus à portée de juger de l'exactitude des estafettes.

Je désirerais que vous eussiez la bonté d'indiquer sous l'enveloppe des paquets que vous m'adressez *la date du jour et du lieu*. Cette petite précaution ne vous contrarie pas extrêmement, et pour nous elle serait d'une importance que vous apprécierez, surtout dans les circonstances présentes. Ce n'est pas tout, il faudrait que votre complaisance allât jusqu'à faire la même prière à tous ceux de nos messieurs qui sont dans le cas de fermer des paquets.

Je ne pense pas que cette indication puisse souffrir de difficulté. Dans le cas contraire, vous pourriez prendre l'autorisation du ministre, en disant que c'est M. Labesnardière qui fait faire cette demande : j'écris d'après son aveu.

Veuillez agréer, Monsieur, l'assurance de mon entier attachement.

BRULÉ S<sup>r</sup>.

## N°. XXXII.

*A M. de Bailliencourt, chef d'escadron au 8<sup>e</sup>. régiment de cuirassiers.*

*Paris*, 25 *septembre.*

.... Le fils de M. de Beaumetz, aide-de-camp du maréchal Mortier, a été tué. Si cela dure encore long-tems tout le monde y passera ; ceux qui échappent pendant une campagne périssent dans une autre. Je fais de terribles réflexions à ce sujet, car votre bonheur ne peut pas toujours durer. Il ne faudrait qu'un instant pour le faire disparaître. Quelle cruelle position que la mienne !....

# POLICE.

# POLICE.

*Le ministre de la Police à S. M. l'Empereur et Roi.*

Paris, *le 29 septembre* 1813.

Sire,

J'ai l'honneur d'adresser à Votre Majesté le bulletin de la police générale, ainsi que des journaux américains jusqu'au 31 juillet, arrivés par la voie de Bayonne.

Nous avons reçu aujourd'hui les expéditions qui ont été faites de l'armée jusqu'au 24 septembre. Elles nous ont fait grand bien, et sont venues apporter un heureux changement dans les discours. Il faut un rien ici pour causer de l'inquiétude, comme pour ramener l'espérance.

De toutes les parties de la France il ne revient rien d'inquiétant, ni même d'extraordinaire, non plus que de l'Italie ni de la Hollande. La nouvelle des derniers événemens arrivés à l'armée du vice-roi n'est point encore connue à Paris. On y parle davantage des mauvaises dispositions politiques dans lesquelles on suppose qu'est le gouvernement de la Bavière à notre égard, parce qu'on a plus fréquemment des nouvelles de cette contrée que de l'Illyrie. Tout cela ne contribue pas peu à faire faire de tristes réflexions; mais le propre du caractère national est de se roidir contre l'ingratitude (1), et je n'ai point encore vu qu'on s'en expliquât différemment. Je suis même très-satisfait des discours

---

(1) Vraiment, c'est une horrible ingratitude de la part des Allemands, de ne plus vouloir être vos ilotes, de ne plus vouloir laisser dévorer leur pays par le séjour continuel de vos armées, de ne plus vouloir se laisser traîner en Espagne et en Russie, pour y périr dans des guerres qui ne les regardent pas. Le désir de venger cette ingratitude doit exciter un bel enthousiasme en France.

tenus par des hommes importans (1) sur la situation générale des affaires du jour. Les expressions dans lesquelles ils manifestent leur opinion, sont très-louables et très-rassurantes. Ce n'est pas le cas d'entretenir V. M. de tous ces détails dans la circonstance actuelle, cela trouvera sa place dans une autre occasion.

Aujourd'hui au conseil des ministres, ceux de ces messieurs dans les départemens desquels il y a des fournitures dispendieuses, ont fait connaître que leurs fournisseurs les menaçaient de ne point continuer le service, si l'on n'augmen-

---

(1) Quels sont ces hommes que le ministre de la police juge importans ? Il est clair que ce ne sont pas les gens en place, puisqu'on est sûr d'avance qu'ils parleront toujours dans le sens du gouvernement. Sont-ce donc les adhérens des Bourbons ou les anciens républicains, dont quelques-uns siégent encore dans le Sénat et dans le Corps législatif ? Ils seraient bien imprudens les uns et les autres, s'ils donnaient ombrage, par leurs discours, au ministre de la police quand ils voient approcher le moment d'agir.

tait la portion de paiement qui se fait en écus. Ils donnent pour raison que leur perte est trop considérable dans la négociation des annuités qu'on leur remet pour complément de solde. Le ministre directeur de l'administration de la guerre qui a les dépenses les plus fortes, est dans une position particulière. La plupart de ses marchés sont à renouveler cette année, et s'il n'emploie pas quelques expédiens pour les faire continuer aux entrepreneurs actuels qui ont fait avec lui de gros bénéfices, il aura beaucoup de peine à s'en procurer d'autres.

Il m'a paru pénétré de cette position, et est disposé à faire tous ses efforts pour les retenir.

Les entrepreneurs des travaux de la ville de Paris se plaignent aussi qu'on les paie en annuités, au lieu des écus que les caisses publiques de la capitale versent au trésor. Néanmoins, les travaux jusqu'à présent vont très-bien, et il n'y a encore parmi les ouvriers que de légères inquiétudes sur leur cessation.

Je ne parle point à V. M. de toutes les inquiétudes que l'on a dans le midi, non plus que de toutes les plaintes que causent les réquisitions dont on frappe le pays pour la nourriture de l'armée d'Espagne. Ce sont des maux inséparables des revers qu'on y a éprouvés, et il faut avoir le courage de les supporter. V. M. ne peut, d'ailleurs, y apporter aucun remède du point où elle se trouve maintenant.

Il m'a été fait aujourd'hui un bien triste rapport sur la situation de santé de M. le sénateur Laplace, qui paraît ne devoir pas atteindre la mauvaise saison. Il y a effectivement trois semaines que chez M. l'archi-chancelier il fit peur à tout le monde, tant il était changé. On avait l'air de lui faire ses adieux. C'est un homme qui s'éteint et qui en paraît frappé.

Morfontaine. 46-738-940-638-364-624-417-46. 682-459-337-118-624-1006-290-877-470-323-459-1177-386-624-63-393-1179-124-1118-531-806-594-1175-542-383-1196-393-103-633-1133-771-903-991-393-380-275-1184-470-1148-551-1000-1168-804-201-1158-241-289-687-470-1179-1001-624-1118-75-940-103-83-886-59-813-958-290-848-620-765-594-1073-70-239-342-904-571-1083-325-181-469-336.

Je suis avec un profond respect,
Sire,

De Votre Majesté
Le fidèle serviteur et sujet,

Le duc DE ROVIGO.

---

POLICE GÉNÉRALE.

*Bulletin du* 29 *septembre* 1813.

*Paris.*

*Postes :* Arrivées et départs.
*Prisons :* Nombre des détenus.

*Police correctionnelle* : Jugement sur abus en remplacement ou 15ᵉ. légère; tous acquittés.

*Bourse* : Hausse, rente 65 fr. — actions 1,020 fr.

*Correspondance ministérielle.*

*L'Orient* : Avis sur les prisonniers détenus en Angleterre, engagement forcé de tous les étrangers.

*Morlaix* : Arrivée d'Angleterre, 27 passagers, dont le général Deveaux et sa famille.

*Gravelines* : Smuglage.

*Perpignan*, fort Saint-Elme : Affûts hors de service.

*Id.* Arrestation de 3 contrebandiers et 11 réfractaires.

*Lot et Garonne* : Levées, réquisitions; point d'obstacles.

*Brest* : Prise d'un bâtiment par l'ennemi, près d'un fort.

*Hollande* : Libelle.

*Mayence* : Routes, absence des commandans des colonnes.

*Strasbourg* : Prix des blés.

*Calais* : Prise espagnole, près Douvres.

*Dunkerque* : Navire français venant de Londres avec 4 prisonniers évadés.

*Jura* : Colporteur vendant le portrait du Pape enchaîné.

*Haute-Garonne* : Meurtre d'un fraudeur par un douannier.

*Stura* : Attaque sur la route, vol.

*Seine et Oise* : Vol chez un paysan par deux déserteurs.

*Premier Arrondissement.*

*Morlaix* : Arrivée de 4 prisonniers français évadés d'Angleterre.

*Escaut* : Rebellion à l'hospice des orphelins, 14 arrêtés.

*Quatrième Arrondissement.*

*Farines*, hausse (70 f. 21 c. le sac).

*Suicide* d'une ouvrière (misère).

PARIS.

*Postes : Arrivées et départs.*

*Arrivées.* = 8 négocians.

*Départs.* = Larchaux, major, à Vesoul. De Villeneuve, auditeur, à Châteaudun; 31 propriétaires, employés, négocians et courriers.

*Prisons : Nombre des détenus.*

| | |
|---|---:|
| Vincennes | 34 |
| Dépôt de la préfecture de police | 95 |
| Grande Force | 203 |
| Madelonnettes | 309 |
| Sainte-Pélagie | 484 |
| Maison de Justice | 92 |
| Bicêtre | 772 |
| Saint-Lazare | 859 |
| Petite Force | 456 |
| Maison de répression du vagabondage | 595 |
| Dépôt de mendicité à Villers-Coterets | 811 |
| Abbaye | 95 |
| Montaigu | 279 |
| Total | 5,084 |

*Police correctionnelle : Jugement.*

Au mois de mai dernier, le Ministre de la police a fait arrêter le nommé *Milcent-Musse*, écrivain public, prévenu d'avoir donné diverses sommes à des officiers et chirurgiens du 15e. régiment d'infanterie légère pour faire recevoir des remplaçans. — ( Bulletin du 28 mai ).

Les déclarations de Milcent et les aveux des prévenus avaient fait connaître que Milcent avait remis :

1000 f. à *M. Dalvimar*, major ;

300 f. au capitaine *Tharand*, commandant le dépôt du régiment ;

300 f. à l'adjudant-major *Tarrapont* ;

400 f. au Sr. *Boyer*, chirurgien-major et

300 f. au Sr. *Archambaut*, aide-major.

En exécution des ordres de S. M., les prévenus ont été renvoyés devant les tribunaux ordinaires.

La chambre de police correctionnelle

de Paris a rendu son jugement le 27 septembre, et a acquitté tous les prévenus.

Les motifs insérés dans ce jugement, sont, pour les officiers :

1°. Que les dispositions de la loi ne sont applicables qu'aux membres de l'administration ;

2°. Que le major a employé, pour la musique du régiment, la somme de 1000 francs qu'il avait reçue ;

3°. Qu'une partie de la somme reçue par le chirurgien-major avait pour cause le traitement d'une maladie ;

Et pour *Milcent*, que les remplaçans qu'il a fournis ont été reconnus propres au service, et admis.

### Bourse.

Il y a eu réaction en hausse à la bourse de ce jour.

Rentes, 65 francs 0 cent.

Actions, 1020  0

Intérieur.

Correspondance ministérielle.

*Lorient : Avis d'Angleterre sur les prisonniers.*

*Commissaire-général, 27 septembre.*

Ce commissaire transmet une lettre d'un prisonnier de guerre en Angleterre, à son frère, contenant l'avis suivant :

Le Gouvernement anglais vient de faire enlever, comme étrangers, pour servir dans divers corps, tous les prisonniers nés dans des pays qui n'étaient pas de l'ancien royaume de France; on a compris, dans une première levée, les Piémontais, Italiens, Illyriens, Polonais et autres.

On fait actuellement celle des Allemands, et on parle d'y joindre ceux des anciennes provinces ( Lorraine, etc. )

Plusieurs de ces prisonniers résistent. Un Polonais nommé Wisloski, mandé à ce sujet au bureau de l'agent, lui a dit avec fermeté qu'*on le clouerait plutôt avec des baïonnettes que de le forcer à servir l'Angleterre.*

---

*Morlaix : Parlementaire anglais.*
Commissaire spécial, 24 septembre.

Le 23 septembre est arrivé à Morlaix le parlementaire anglais le *Brillant*, venant de Portsmouth avec 27 passagers, parmi lesquels se trouvent le général *Deveaux*, âgé de 64 ans, né à l'Isle de France; son épouse de Londres, 8 filles et son petit-fils ( de Lomenie ), âgé de 16 ans.

Tous ces passagers seront interrogés ; le commissaire fera connaître le résultat.

---

*Gravelines : Mouvemens du port.*
Commissaire de police, 25 septembre.

Sortis le 25 septembre 7 bateaux allant en Angleterre, 1 sur lest, 6 chargés de marchandises évaluées à 92,296 fr.

*Perpignan, fort Saint-Elme.*

<small>Commissaire général, 19 septembre.</small>

Le 6 de ce mois ce commissaire a donné avis que le fort Saint-Elme manquait de divers objets nécessaires à sa défense. (Bulletin du 15.)

Il annonce que le général Baudouin, qui vient de faire la visite de ce fort, a reconnu que les affûts de canons étaient hors de service, et que d'autres, de Collioure, étaient aussi en mauvais état.

---

*Id. Arrestations.*

<small>Id. id.</small>

Sur la désignation du commissaire général, le commandant de Puycerda a fait arrêter, dans la vallée de Carol, 3 contrebandiers de Porte (Pyrénées orientales), et 11 conscrits réfractaires de ce département. Les contrebandiers ont été traduits devant le commissaire général.

Il les a mis à la disposition du procureur impérial près le tribunal des douanes.

*Lot et Garonne : Levée ; Réquisition.*

*Préfet,* 20 7bre.

Des bruits répandus dans ce département ont causé quelque inquiétude ; cependant la levée ordonnée par le Sénatus-consulte du 24 août se fait avec rapidité.

Les réquisitions faites pour l'armée d'Espagne, dont on porte la valeur à plus de 2 millions, se fournissent avec la même activité.

*Brest : Prise par l'ennemi.*

*Commissaire Général,* 22 7bre.

Un transport a été pris, par l'ennemi à $\frac{2}{3}$ de portée de canon du fort le Correjoux. Suivant les renseignemens pris par le Commissaire général de police de Brest, le Commandant de ce fort était absent; le Capitaine d'un corsaire amécain, mouillé sur ce point, a offert à l'officier qui le remplaçait 50 hommes pour combattre l'ennemi.

Cet officier a répondu qu'en absence du Commandant, il ne pouvait pas faire tirer un seul coup de canon.

---

*Hollande : Libelle.*

*Commissaire général,* 22 7bre.

Un Commissaire de police, de la Haye, a trouvé dans une voiture publique un papier qui a paru tombé de la poche de quelqu'un qui l'avait précédé dans cette voiture.

C'était un libelle hollandais, contenant des vœux pour l'ennemi et des injures contre la France.

Cette voiture avait amené des conscrits et des gardes de la compagnie de réserve.

On fait des recherches pour découvrir lequel d'entre eux a perdu ce papier.

*Mayence : Routes.*

*Commissaire spécial, 24 7bre.*

Depuis quelques jours la route de Leipsick à Francfort parait purgée en grande partie des partisans qui l'occupaient. Le Commissaire spécial marque, à ce sujet, que les Commandans des colonnes qui se rendent à l'armée, les quittent fréquemment et que leur absence facilite les entreprises des partisans.

―――

*Strasbourg : Blés.*

*Commissaire général, 25 7bre.*

Le prix du froment n'a pas varié au marché de Strasbourg du 24 de ce mois.

Le plus élevé a été de 18 francs l'hectolitre.

―――

*Calais : Prise espagnole.*

*Commissaire général de Boulogne, 26 7bre.*

Le 6 de ce mois le brick Espagnol la

*Marie Thérèse*, pris par le corsaire français *le Neptune* près Douvres, et conduit à Calais, a échoué en entrant dans ce port :

Il a été mis en quarantaine.. ( Bulletin du 16. )

Le Commissaire écrit que la quarantaine ayant été levée, il a interrogé l'équipage, composé de 12 hommes.

Leurs déclarations n'offrant rien d'intéressant, le commissaire les a laissés à la disposition de la marine, pour être dirigés sur un dépôt, comme prisonniers de guerre.

---

*Dunkerque : Navire venant de Londres.*

*Commissaire général de Boulogne, 28 7bre.*

Le Navire la Cornélie de Dunkerque, est rentré dans ce Port sur lest.

Sa quarantaine a été levée le 22 7bre. (Bulletin du 22. )

Le Commissaire marque que ce Capitaine a ramené 4 marins, prisonniers en

Angleterre qui se sont sauvés à la nage de leurs pontons.

L'un d'eux, nommé Lefebvre, né à Dunkerque, âgé de 22 ans, a été reconnu, comme ayant déserté de la marine impériale à Anvers en 1811.

Il s'était ensuite embarqué à Dunkerque sur le corsaire *l'Olympia* qui l'avait admis, et sur lequel il a été pris par l'ennemi.

Interrogé sur ce fait, il a avoué.

———

*Jura : Colporteur, Portrait du Pape.*

Un colporteur a parcouru le canton d'Arinthoz, arrondissement de Saint-Claude, et y a vendu le portrait du Pape, représenté les mains enchaînées.

Il avait quitté ce canton, lorsque la Gendarmerie en a été informée.

Il paraît que les autorités locales n'ont pris aucune mesure contre lui.

On le recherche.

*Haute-Garonne : meurtre par un Douanier.*

*Gendarmerie, 27 7bre.*

Le 15 de ce mois, à 8 heures du soir, le nommé *Jontar*, de Castillon, près Bagnières, a été tué d'un coup de carabine par un douanier.

Suivant le procès-verbal, *Jontar*, chasseur des montagnes, surpris par ce douanier, avec un ballot, l'a chargé lui même avec son sabre, ce qui a forcé le douanier à tirer sur lui.

Son ballot était de 20 kilogrammes de cassonade.

---

*Stura : Attaque.*

*Gendarmerie, 27 7bre.*

Le 5 septembre le nommé *Fondano*, venant de la foire de Saluces, a été arrêté sur la route par deux inconnus, qui l'ont maltraité et lui ont pris son argent, ( quarante francs. )

La gendarmerie fait des recherches.

*Seine et Oise* : *Vol.*

*Id. Id.*

Le 16, deux inconnus, armés de sabre, présumés déserteurs, sont entrés chez un berger, en son absence, au village de Garche (Seine et Oise.)

Sa femme était seule ; ils l'ont maltraitée, attachée à son lit, fouillé ses armoires, et pris l'argent qu'ils ont trouvé. (30 fr.)

La gendarmerie s'est mise à leur poursuite.

---

BULLETINS DES CONSEILLERS D'ÉTAT.

Premier arrondissement.

*Commissaire Général*, 24 *septembre.*

*Morlaix*: *Français évadés d'Angleterre.*

Le lougre impérial le *Requin* a rencontré près la côte de Pontusval une petite barque, dans laquelle se trouvaient quatre hommes, qui se sont dits prisonniers français évadés d'Angleterre.

Le commissaire spécial les a réclamés pour les interroger. Il rendra compte de la suite.

*Escaut : Mouvement dans un Hospice.*

**Préfet.** -- Le 20 septembre les orphelins de l'hopice de Gand se sont révoltés, sous prétexte de nourriture, et ont cessé leurs travaux. Le Maire s'est présenté, et a paru rétablir l'ordre.

Après son départ, le mouvement est devenu plus vif; on a brisé les meubles, les métiers, lancé des pierres aux chefs de cette maison, etc.

Quatorze de ces rebelles ont été arrêtés. Le Préfet pense qu'il convient de les envoyer, comme mousses, à l'Escadre d'Anvers.

4°. *Arrondissement.*

*Rapport du 28 septembre.*

*Farines.* — 453 sacs de farines, vendus le 28 : prix moyen, 70 fr. 21. c. (hausse de 51 c.)

*Tentative de Suicide.* — La femme Valentin, ouvrière, âgée de 45 ans, s'est jetée dans la Seine, près le jardin des Plantes; on l'a sauvée.

*Misère, Inconduite.* — Arrêtés, 3 voleurs; 8 vagabonds; 1 fou.

### Execution. Disposition.

*Travail de M. le Conseiller d'Etat chargé du 2ᵉ. Arrondissement.*

*Dintroz*, prêtre domicilié à Orbey, (haut-Rhin) s'est fait remarquer depuis quatre ans par sa turbulance et son opiniatreté à se soustraire à l'obéissance due au concordat.

L'Evêque de Strasbourg, instruit des menées sourdes de ce prêtre factieux dans le val d'Orbey, lui avait enjoint de se rendre à la cure de Morvillars; mais, au mépris de cette injonction, il continua de résider à Orbey.

Le Préfet du haut-Rhin, d'après les

ordres de S. E. le Ministre des cultes, lui ayant notifié de se rendre de suite à cette cure, il s'est retiré dans les hameaux de la montagne, où il continue d'exercer clandestinement, quoique l'Evêque l'ait interdit.

Cet ecclésiastique mal famé sous le rapport de la moralité, est, en outre, signalé comme un escroc avide, qui s'est fait résigner, sous le masque de la piété, plusieurs donations pieuses au préjudice des héritiers naturels.

M. le Conseiller d'état propose de le faire arrêter et détenir jusqu'à nouvel ordre dans une maison de correction.

(Approuvé.)

---

*Travail de M. le conseiller d'Etat chargé du 2°. Arrondissement.*

*Sureuch, Jean Pierre*, roulier, âgé de 45 ans, né à Alby (Tarn), convaincu d'inceste avec sa propre fille, a été arrêté par ordre du Préfet.

Cet homme, signalé par les autorités locales, s'est permis plusieurs fois de lever une main criminelle sur son père. Comme il n'existe dans le code pénal aucune disposition relative à ce crime, M. le Conseiller d'Etat propose de faire retenir Sureuch en détention pendant six mois (1). (Approuvé.)

2°. *Arrondissement.*

*Bonnet* (*Etienne.*), âgé de 38 ans, du département de l'Isère, a été arrêté, en juillet dernier, pour avoir fracturé le secrétaire de son père, et pris une somme de 1000 fr.

Les autorités locales signalent cet homme comme le fléau de sa famille par son inconduite et ses excès envers elle.

---

(1) Six mois de détention! Quelle punition pour un délit dont l'impunité, dont la seule possibilité dénature toutes les relations de famille!

La tranquillité et la sûreté publiques n'ayant point été compromises par Bonnet fils, M. le Conseiller d'Etat propose de l'envoyer en surveillance dans le département des Basses-Alpes, à la charge, par son père, de lui fournir les moyens d'existence nécessaires.

(Approuvé.)

—

2°. *Arrondissement.*

Krall (Jean), déserteur autrichien, forçat libéré, vient d'être condamné dans le département de la Marne à six mois de prison pour vagabondage.

Cet étranger est signalé par l'autorité judiciaire, comme très-dangereux.

D'après l'article 272 du code pénal, M. le Conseiller d'Etat propose de l'expulser du territoire de l'Empire à l'expiration de sa peine.

(Approuvé.)

Le Duc de Rovigo.

*Extrait de la correspondance ministérielle.*

Le ministre de la police a reçu aujourd'hui 29 septembre 1813, des lettres de

| | | |
|---|---|---|
| Messieurs les préfets | de la Lozère | du 14 sept. |
| | — la Sarthe | — 24, 25 |
| | — l'Ain | — 23 |
| | — la Côte-d'Or | — 27 |
| Des commissaires généraux et spéciaux de police } | de Lyon | — 22 |
| | — Barcelonne | — 8 |
| | — Boulogne | — 22, 24 |
| | — Strasbourg | — 26 |
| | — Bayonne | |
| Des directeurs généraux de police } | de Florence | — 17, 22 |
| | — Hambourg | |
| Du sous-préfet | de Marennes | — 17 |
| Du colonel de gendarmerie au Mans | | — 23 |

Ces différentes correspondances ne présentent rien que de tranquillisant.

Le Commissaire général de police à Bayonne adresse au ministre sous la date du 25 septembre une série de rapports des frontières dont la copie suit.

*St.-Martin d'Arrossa, 24 septembre.*

L'ennemi qui occupe les Alduldes, cherche chaque jour à envahir les avant-postes français ; mais ceux-ci le préviennent, et lorsqu'il avance en force, nos troupes rétrogradent en tenant toujours les hauteurs.

*Andaye, 24 septembre, à 8 heures du matin.*

De trois bâtimens qui croisaient sur ces parages et qui tirèrent plusieurs coups de canon avant-hier, l'un a été se briser sur les roches de la côte de Fontarabie ; on ignore le nombre de marins noyés.

Le maire d'Andaye qui avait accompagné avec un trompette du 118$^e$ de voltigeurs, les Espagnols autorisés à rentrer dans leurs foyers, en a ramené trois que le général anglais a refusé de recevoir.

Rapport d'un agent arrivé à l'instant.

*St.-Pée, 25 septembre, à 9 heures du matin.*

Quatre mille Anglais, venant des

environs de Santona, sont arrivés dans la soirée d'avant-hier près la forge d'Echelar; il y en avait déjà 2000 au poste presqu'attenant à Yancy. Il est aussi arrivé hier au point du jour 900 cavaliers portugais dans le même village (d'Echelar).

Dans la nuit du 23 au 24, environ 4000 cavaliers anglais ont pris position à St.-Esteven.

Cinq mille s'étaient portés dans la soirée du 22 à Tolosa.

Ces corps, composés d'Anglais, de Portugais et de la seule cavalerie de Longa, formaient, dit-on, le blocus de Pampelune, avant qu'il n'ait été converti en siège régulier.

Les attirails de ponts renvoyés d'Oyarzun, y sont rentrés avant-hier dans la nuit, et se trouvaient hier sur la place.

On n'a avis d'aucun mouvement des troupes qui se trouvaient déjà sur la ligne.

Le général Wellington est toujours à Lesaca.

Les Anglais et Portugais semblent affecter de ne pas faire part des vivres aux Espagnols : Mina passe pour avoir intercepté un convoi qui leur était adressé. (Ceci mérite confirmation.)

*St.-Jean-Pied-de-Port*, 24 *septembre*.

On assure que la garnison de Pampelune a fait une sortie dans laquelle elle s'est emparée de partie du parc des bœufs des ennemis ; qu'après une assez faible fusillade, elle est rentrée dans la place. On confirme la nouvelle d'une levée d'hommes de 18 à 40 ans.

---

## Note.

Le directeur-général de police à Hambourg rend compte, le 24 septembre, que, moyennant de bonnes escortes, les courriers arrivent vingt-quatre heures plus tard que de coutume, mais avec sûreté jusqu'à présent.

Les Anglais ont beaucoup manœuvré sans objet à Cuxhaven. Ils ont aussi tiré des salves d'artillerie le 20 de ce mois.

Le 23 au soir, le bruit se répandit qu'ils avaient fait une attaque du côté de l'Ooste. Les rapports n'en étaient point encore arrivés.

Le mal le plus réel jusqu'à présent de leur présence aux bouches de ce fleuve, c'est que l'on ne peut former les approvisionnemens de comestibles nécessaires aux places de Hambourg et de Haarbourg.

Des gazettes anglaises jusqu'au 14 septembre sont arrivées le 23 à Altona. On sait déjà qu'elles ne contiennent rien de nouveau sur l'Espagne. On ne savait à Londres les événemens de la Saxe que jusqu'au 6 septembre inclus.

Le commissaire spécial de Bremerlehe

informe que la station anglaise est rentrée dans le Weser, et a repris sa position à Wederwarde. Elle est composée d'un brick et d'un cutter.

Le 19, une douzaine de petites embarcations ont environné cette station.

Le 20, l'ennemi a fait des salves qui se trouvent correspondre avec celles de la station de Cuxhaven du même jour.

Les postes de douanes ont été levés dans la nuit du 19 au 20, et réunis dans les chefs-lieux de leurs contrôles.

Les rapports de l'Ems supérieur, d'Oldenbourg, de Bremen, ne parlent que de faux bruits qu'on y répand.

Il y a eu quelques bruits dans les environs de Stade. Le rapport circonstancié n'en est point encore arrivé à la direction.

Suivant les rapports militaires et ceux du pays, l'ennemi occupe toujours Lunebourg, Winsen et le poste en face de Hoopte au passage de Zollenspicker.

On voit encore de petits détachemens s'approcher de Haarbourg, malgré un bataillon et deux pièces de canon envoyés à Tostedt, relais de poste sur la route de Bremen à six lieues de Haarbourg.

On n'est pas mieux informé de ce qui se passe en Saxe; les nouvelles françaises manquent entièrement; le public s'y livre à toutes ses conjectures.

On est surpris de la hausse qu'éprouve le cours danois. Du papier que l'on faisait encore il y a quelques jours à 15,000 thalers en papier pour 100 thalers en argent, est monté à 10,000 après l'arrivée du courrier de Copenhague.

Le commerce pense que cette hausse a pour motif une ouverture de négociations avec l'Angleterre.

L'effet marqué de l'approche de l'ennemi a été la difficulté de poursuivre la rentrée des contributions et les travaux de toute espèce. On éprouve beaucoup d'embarras, notamment pour ceux de

Hambourg, et, faute d'ouvriers, on n'a pu que le 22 commencer ceux des hauteurs de Haarbourg, qui doivent couvrir la place elle-même.

On va employer des soldats à ces travaux et encore à ceux de défense du pont de Wilhelmsbourg.

Un officier supérieur a manqué essentiellement au gouverneur. La scène a eu lieu dans la promenade publique et a attiré beaucoup de monde. On a bien dit que le comte Hoogendorp, en envoyant cet officier aux arrêts, parce qu'il était sans épée et sans épaulettes, lui avait adressé des épithètes dures pour un homme d'honneur; mais quels que soient les premiers torts, la suite de l'affaire est fâcheuse pour l'officier. Il est question de le livrer à un conseil de guerre. La chose est d'autant plus malheureuse, qu'il revenait de l'affaire *Pecheux* avec d'honorables blessures; mais le scandale a été grand.

Un rapport des bouches de l'Ooste annonce que l'ennemi s'y est beaucoup renforcé; cependant on ne lui connaît point encore de troupes de débarquement.

Le 23, le pays était dans une grande fermentation; il refusait de rien livrer en approvisionnement. Une colonne de 600 hommes faisait une battue, et ramenait tout ce qu'elle trouvait.

Cette colonne avait ordre d'être rentrée le soir même à Stade.

Il n'est resté que peu de forces à Cuxhaven. Plusieurs estafettes en retard viennent de parvenir. Il reste certain que deux ou trois courriers de grand quartier-général ont été enlevés.

On écrit de Celle, sous la date du 20, que 60 hussards du régiment Jérôme-Napoléon ont battu un détachement ennemi, et lui ont pris une vingtaine d'hommes. L'affaire a eu lieu en avant de Celle. ( *Nota*. Il en a été rendu compte au bulletin du 28. )

On est prêt à couper le pont de Rethem sur l'Aller. On cite comme une chose remarquable que les eaux soient plus basses cette année-ci que les précédentes, malgré l'abondance des pluies.

A Hanovre on a suspendu la levée de la conscription.

L'attention de tout le pays est tournée vers le Prince Royal que l'on sait être, avec un corps considérable depuis le 16, sur la rive gauche de l'Elbe.

Le Prince a passé au confluent de la Saale. On était partagé d'avis sur sa marche, que les uns prétendent avoir Brunswic et Hanovre pour objet, et les autres une jonction avec le général Thielemann qui a son quartier-général à Altembourg.

*Strasbourg.* — *Incendie à Landau.*

*Note.* — Le 26 septembre le commissaire général de police à Strasbourg transmet au Ministre une lettre du commissaire de police à Landau, en date du 25, par laquelle ce commissaire l'informe que, dans la nuit du 24 au 25, un grand hangard du fort de Landau, servant de magasin de fourrages, a été, en moins de deux heures, entièrement consumé par les flammes, ainsi que tout ce qu'il contenait de paille et de foin, malgré le zèle déployé par les habitans et les militaires pour arrêter les progrès de l'incendie. L'eau que l'on put se procurer étant insuffisante, ce ne fut qu'après quatre heures de travaux que les officiers du génie purent parvenir à en faire entrer dans les fossés de la place qui étaient à sec.

On regarde comme un bonheur que le vent portât la flamme du côté opposé au magasin à poudre, situé près du siège de l'incendie. Sans cette circonstance, ce magasin et un autre hangard rempli de palissades et de deux mille troncs d'arbres, eussent probablement aussi été consumés.

Le général Verrier, commandant d'armes, étant absent, le général Schauenbourg et son état-major se sont portés sur les lieux, et y sont restés jusqu'à ce que le danger fût entièrement dissipé.

On ne sait encore si ce feu est l'effet de la malveillance.

Dans la même nuit, une grange renfermant une riche récolte appartenant à un juif de la commune d'Ingenheim, canton de Landau, a été aussi incendiée.

On attribue ce dernier fait à la malveillance.

*Extrait d'une lettre particulière de Francfort, du 26 septembre.*

Il est passé ici aujourd'hui 26 une estafette qui a quitté Dresde le 22, et qui a démenti toutes les nouvelles de Nuremberg, d'après lesquelles on croyait ici que l'empereur avait évacué la capitale de la Saxe.

Nous sommes toujours dans une grande ignorance de ce qui se passe. Point de poste de Vienne. Les lettres de Leipsick du 18 ne contiennent que des jérémiades.

Les lettres de Gotha annoncent qu'il y a des coureurs ennemis à 3 lieues de là. C'est sans doute à cela qu'il faut attribuer le retard des postes de la Saxe : la dernière estafette est venue en 4 jours.

On avait dit que l'Empereur allait prendre une autre position sur l'Elbe ou sur le Weser ; et ce qui avait donné lieu à ce bruit, c'est l'évacuation complette des hôpitaux, qui est déjà commencée. Ceux qu'on a construits ici depuis le printems sont totalement encombrés. On loge chez le bourgeois les blessés qui peuvent marcher ; on en fait ensuite un triage. Ceux qui sont estropiés de manière à ne pouvoir servir sont envoyés sur Mayence; ceux qui ne sont blessés qu'aux mains ou aux bras, sont distribués dans les campagnes; les autres sont envoyés dans les hôpitaux des principautés voisines.

Les troupes hessoises sont arrivées ici hier 25 pour retourner à Darmstadt.

Le corps du duc de Castiglione quitte Würtsbourg. Il a laissé une forte garnison dans la citadelle, et il se porte sur Erfurt. Plusieurs colonnes sont déjà en marche.

*Extrait d'une lettre particulière datée de Munich le 22 septembre 1813.*

Le général de Wrede est arrivé ici il y a 2 jours dans le plus grand incognito. Après avoir eu une longue audience du roi, il s'est rendu à la campagne du ministre Montgelas; ensuite il est reparti en toute hâte pour Braunau. Ce voyage mystérieux a occasionné une multitude de bruits contradictoires. Les uns disent que le comte de Wrede a été requis par l'empereur Napoléon de quitter sa position sur l'Inn ; d'autres prétendent que ce général a apporté au roi le résultat d'une entrevue qu'il a eue sur l'extrême frontière avec le prince de Reuss, commandant en chef l'armée autrichienne.

Il est certain qu'il se passe autour de nous des choses fort extraordinaires. Les armées sont toujours dans leurs anciennes positions, et nous nous conduisons avec les Autrichiens comme si nous nous trouvions dans des camps de plaisance. Ils ont pour nous la même réciprocité de soins et d'égards. Par exemple, une escarmouche eut lieu près de Salzbourg il y a quelques jours entre une patrouille de chevaux-légers bavarois et de hulans autrichiens. Les Bavarois eurent un homme tué et deux blessés. De leur côté ils tuèrent un homme et firent un prisonnier qu'ils emmenèrent à Salzbourg.

Mais dès le lendemain le général autrichien fit désavouer cette attaque, en alléguant pour excuse que les hulans étaient tous pris de vin, et qu'ils avaient été sévèrement punis. Quelques excès commis du côté de Hausruckviertel ont été désavoués de la même manière.

D'un autre côté, il est certain que les Autrichiens ont repassé la chaîne des Alpes en Tyrol, et sont venus jusqu'à Steinach, au-delà du col de Brenner, où il y a eu une fusillade avec les postes bavarois. On craint pour Inspruck, qui n'est occupé que par quelques compagnies de troupes de ligne ; mais ce qui donne le plus à penser c'est la nouvelle proclamation du général de Wrede, par laquelle il déclare que les nommés Speckbacher et Aschbacher sont désavoués par le gouvernement autrichien, et que ses généraux lui ont affirmé, sur leur honneur, que ces deux hommes seraient sévèrement punis pour s'être permis de porter l'uniforme d'officier autrichien.

*P. S.* On assure en ce moment qu'un *armistice provisoire* entre la Bavière et l'Autriche vient d'être publié à Inspruck, et a été reçu par ses habitans avec tous les signes possibles d'allégresse.

Cette nouvelle a encore besoin de confirmation ; si elle se confirme, les vrais amis du gouvernement pensent qu'un semblable arrangement n'a été conclu qu'avec l'approbation formelle de l'empereur des Français.

*Bulletin de la bourse d'Amsterdam, du 24 septembre.*

COURS.

| Dénominations. | Précédent. | Du jour. | Observations. |
|---|---|---|---|
| Certificats 5 p. 100 consolidés | 70 $\frac{1}{4}$ | 68 $\frac{3}{4}$ à 69 $\frac{3}{4}$ | |
| Tiers consolidé | 69 | 67 $\frac{3}{4}$  68 $\frac{1}{2}$ | |
| Bons domaniaux | 39 $\frac{1}{2}$ | 39  39 $\frac{1}{2}$ à $\frac{3}{4}$ | quelques demandes. |
| Obligations russes | 44 | 43 $\frac{3}{4}$  43 $\frac{1}{2}$  44 | moins en faveur que le 23. |
| Id. Espagne. 1808 | 19 | 18 $\frac{3}{4}$  19 | un peu demandées. |

| Dénominations. | Précédent. | Du jour. | Observations. |
|---|---|---|---|
| Obligations de Prusse. | 42 $\frac{1}{2}$ | 42 $\frac{1}{2}$   43 | peu de spéculation. |
| Certificats de Vienne. | 19 $\frac{3}{4}$ | 19 $\frac{1}{2}$ | beaucoup de demandes. |
| Agio de banque.... | 2 | 2 | ⎫ |
| Ducats nouveaux.. | 5 19 | 5 19 | ⎬ sans variation. |
| Id. vieux..... | 6 | 6 | ⎭ |

## Passage de troupes.

*Mayence, 23 septembre 1813.*

| | Venant de | Allant à |
|---|---|---|
| MM. Ducros, général de brigade.......... | Paris. | l'armée. |
| Préval, général de brigade........... | Francfort. | |
| Boissard, colonel de gendarmerie...... | | Francfort. |
| Pérignon, aide-de-camp de S. M. le roi de Naples....... | Paris. | |
| 62 officiers, 3 chirurgiens, 12 employés, 3 courriers, 2,043 hommes, 252 chevaux, 44 voitures, en une colonne.............. | Mayence. | l'armée. |

*Bayonne, 23 septembre.*

| | Venant de | Allant à |
|---|---|---|
| MM. le général baron Dellard............ | | Toulouse. |

Morin, capitaine au 31e. légère...... *Venant de* Navarreux.
600 hommes du 31e. légère.. Navarreux.
Deux estafettes........... Paris.

*Strasbourg, 25 septembre.*

|  | | Venant de | Allant à |
|---|---|---|---|
| 493 hommes de différens corps d'infanterie...... | | | Mayence. |
| 201 | idem de cavalerie. | | Mayence. |
| 107 | du 4e. de Baden... | Bayonne. | Carlsruhe. |
| 20 | du 18e. de dragons.. | Gueret. | Haguenau. |

*Cologne, 24 septembre.*

*Venant de*     *Allant à*

M. Menagave, colonel d'artillerie, commandant...     Wesel.
80 hommes de différens corps.

---

## Extraits des lettres ouvertes aux bureaux de poste

### A.

30 *septembre* 1813.

Départ.

Nos. 1. Paris, 27 sept. La duchesse d'Albufera, à son mari.
    2. Id. 28    Darnay à son frère à Milan.
    3. Id. 28    Le sénateur Clément de Ris, à sa femme, à Beauvais près Tours.
    4. Id. 28    Schreiber au duc de Dalmatie.
    5. Id. 28    V......... à Beerenbroke, à Amsterdam.

N° I.

*La Duchesse d'Albufera au Duc* (son mari).

*Paris, le 27 septembre* 1813.

Le succès que tu viens de remporter était bien inattendu. On regarde ici les affaires d'Espagne comme entièrement perdues, et l'annonce que tu as battu l'ennemi, fait le plus grand plaisir. Tu veux soutenir la bonne réputation de l'armée d'Arragon, et je suis convaincu que si la droite la secondait, elle ferait encore des prodiges; mais il faut se soumettre aux circonstances. Quoi qu'il en soit, ta bonne nouvelle arrive bien à propos pour remonter un peu les esprits.

———

N°. II.

*Darnay à son frère à Milan.*

*Paris, le 28 septembre* 1813.

Nous n'avons d'autres nouvelles de Dresde que celles insérées dans les journaux. Elles ont fait baisser les effets publics, et il paraît que la baisse continue aujourd'hui sur le bruit que Weimar et Leipsick ont été incendiés par l'ennemi. L'agiotage fait circuler divers mensonges que l'ineptie ou la malveillance accueillent et répandent.

Les affaires d'Espagne sont dans le même état : toutefois les mêmes faiseurs de nouvelles annoncent que lord Wellington se porte sur Bayonne en vertu d'ordre de sa cour.

## N°. III.

*Le Sénateur Clément de Ris à sa femme, à Beauvais sur Cher* (Indre-et-Loire).

*Paris, le 28 septembre* 1813.

Si des chances heureuses nous ramènent un peu plus de calme et de bonheur, tu ne peux te dispenser de revenir tenir ta maison à Paris. Si, au contraire, la providence augmente notre mal-aise et nos alarmes, il faut se rapprocher, se serrer les uns près des autres en famille, et ne pas se séparer un instant.

———

## N°. IV.

*Schreiber au Duc de Dalmatie, commandant en chef en Espagne.*

*Paris, le 28 septembre 1813.*

On dit que S. E. a écrit au préfet de faire arrêter et conduire au quartier-général de l'armée les maires qui ne s'empresseraient pas d'envoyer leur contingent à l'armée. Ce bruit indispose contre S. E. qu'on suppose vouloir traiter les autorités françaises comme celles d'Espagne.

Quelqu'un faisait, devant le préfet de la Gironde, l'éloge de S. E. — M. le préfet a gardé le plus profond silence, et au premier moment de repos a changé la conversation.

On dit que le général Cl....l (1) est un de ceux qui parlent le plus contre S. E. Le général Tir... (2) a beaucoup critiqué les opérations de la fin de juillet.

---

### N°. V.

*V..... à Béerenbroke, à Amsterdam.*

*Paris, 28 septembre* 1813.

Le Moniteur du 20 vous aura annoncé une baisse dans les fonds. Il y en a eu une nouvelle hier, sans aucun autre motif que celui de l'agiotage. Le tiers consolidé a baissé jusqu'à 65, quoiqu'il était à 67 à l'ouverture de la bourse. Il se peut donc que les fonds remonteront aujourd'hui. Au reste, on se méfiera des conteurs de nouvelles.

J'ai noté que les fonds russes ont monté à 43 $\frac{5}{8}$ et les bons descendus à 38 $\frac{3}{4}$. Il est donc à croire qu'ils auront

---

(1) Le général Clausel.
(2) Le général Tirley.

encore baissé. Si les bons baissent, il y aura quelque chose à faire si on trouve des moyens pécuniaires, car cette baisse ne saurait durer, quoiqu'il puisse arriver, les bons étant dette hollandaise comme dette française, et on ne manquera pas de faire cette réflexion.

J'oubliais de vous observer que la baisse d'hier dans les rentes est venue à la suite d'un article inséré dans le journal de l'Empire, annonçant que, d'après des avis envoyés par le duc de Valmy, on serait peut-être quelques jours sans recevoir des nouvelles des armées. On aurait pu éviter d'insérer cet article insignifiant en lui-même; et on aurait alors empêché les joueurs à la baisse de tirer la conséquence, avec affectation, que l'Empereur allait se retirer sur le Rhin.

L'Empereur a autour de lui 400,000 hommes de bonnes troupes. Il ne se retirera pas ainsi sur le Rhin avec cette armée.

## B.

## *Arrivée.*

### 30 *septembre* 1813.

1 Constantinople. 25 août. Deval au duc de Santafé.
2 Erfurt........ 15 sept. Louis Nicol à Piché, à Montreuille.
3 Augsbourg.... 15 N....à Kelloegner et compagnie, à Gênes.
4 (Ne se trouve pas).
5 Près Pilnitz... 22 Eugène de Boinville au baron de Sparre, armée d'Espagne.
6 Cassel........ 23 Le comte de Bocholz, à sa femme.
7 Mombac...... 23 Le capit. de Cussy au baron de Cussy.
8 Dresde....... 23 N....à Amiot.
9 Gironne...... 21 N... Com. de police, au baron Degerando.
10 Perpignan..... 20 N .... à la duchesse d'Albufera.
11 Urrugne...... 20 Dornal de Guy à Dornal de Guy.
12 Mont-de-Marsan 22 N..à Auguste Darripe.
13 Hartingue.... 22 B. à la marq$^{se}$. d'Ariza
14 Bayonne...... 23 N.... à Darripe.
15 Pau.......... 23 N.... à Pardeilban
16 Idem......... 23 N.... à Dargainaratz.
17 Flessingue .... 24 Longueville à Longueville.

} Paris.

18

| | | | |
|---|---|---|---|
| 18 | Bar-sur-Ornain. | 25 sept. | St.-Aulaire à M^de. de St.-Aulaire, à Corbeil. |
| 19 | La Dimerie.... | 25 | N....au comte de la Briffe. |
| 20 | Amsterdam... | 25 | R. Beerenbrock à V... |
| 21 | St.-Jean-de-Luz. | 26 | Joseph d'Albe à la baronne d'Albe. |
| 22 | Anvers....... | 26 | N....à V...... |
| 23 | Cherbourg.... | 26 | Chaulieu que au comte Roederer. |

(Paris.)

---

## N°. I.

*Deval au Duc de Santafé.*

( Lettre gardée, Lavallette. )

*Constantinople*, 25 *Août* 1813.

L'article 6 du traité de paix entre les Russes et les Turcs fait clairement mention que les forts et places en Asie situés du coté de la Géorgie et pris dans la dernière guerre par les Russes, seraient évacués et restitués aux Turcs à la paix. Cet article n'a pas été exécuté jusqu'à présent, et ces places restent au pouvoir des Russes. Les Commandans russes qui y sont ne veulent pas les évacuer, sous le prétexte qu'ils n'ont pas encore reçu des ordres de leur souverain. Cette affaire est maintenant en discussion entre ce gouvernement et M. l'Envoyé de Russie, qui a promis d'en écrire à sa cour, et en même tems a donné une lettre adressée à ces Commandans pour les engager à remplir cet article du traité. Cette discussion a été très-désagréable pour le Ministre de Russie ici.

---

## N°. II.

*Louis Nicol à Piché, Maire à Montreulle.*
*( Sarthe. )*

*Erfurt, le 15 7bre., 1813.*

Je vous dirai que dans ce pays on n'a jamais vu pareille misère. Les bourgeois sont obligés de nourrir les soldats qui passent journellement.

N°. III.

*N.... A Kelloegner et Co., à Gênes.*

(Traduct. de l'Allemand.)

(*Un Supplément de la Gazette de Zurich, où se trouve le Manifeste de l'Autriche, est inclus dans la même lettre.*)

(Lettre gardée, Lavallette.)

*Augsbourg, le* 15 *7bre.* 1813.

Un courrier bavarois dépêché de l'armée et se rendant à Munich a passé hier par ici; il était porteur de nouvelles très-importantes sur les derniers événemens militaires. Le Maréchal Ney, qui a pris le commandement de l'armée dirigée contre Berlin après la défaite d'Oudinot, a été lui-même entièrement défait par le prince Bernadotte. La retraite ne fut qu'une fuite sans ordre où les tristes restes de l'armée se réfugièrent à Leipsick.

Une autre victoire, non moins décisive, doit avoir eu lieu dans les environs de Bautzen entre Blucher et Napoléon;

les suites en ont été la retraite du dernier à Dresde. On veut savoir qu'il règne à l'armée française une grande anarchie et un grand désordre.

Des rapports de Munich font encore mention d'une nouvelle bataille aux environs de Dresde. Elle aurait duré deux jours et demi, et ne serait pas encore terminée; mais l'avantage paraîtrait se tourner du coté des Autrichiens. On y lit enfin que l'empereur Napoléon est arrivé avec une partie de sa garde sur le champ de bataille, mais que la canonnade durait encore.

## N°. V.

*Eugène de Boinville au Baron de Sparre, à l'Armée d'Espagne.*

( Lettre gardée, Lavallette. )

*Près Pillnitz*, 22 7bre. 1813.

Depuis long-tems, mon Général, je n'ai vu de nouvelles d'Espagne dans les journaux. Je ne crois pas que le maréchal Soult ait eu de grands succès. D'un autre côté on dit ici qu'une grande partie de l'armée d'Espagne doit venir nous joindre. Il serait à désirer qu'elle vînt tout entière, car nos *muchachos* (jeunes gens) jouent un vilain rôle avec les cosaques, dont l'infanterie a plus peur que si c'étaient des diables.

Je ne vous cacherai pas que je regrette souvent l'Espagne. Nous faisons ici une bien rude campagne, pénible, fatigante, ennuyeuse; elle n'a rien d'agréable. Depuis deux mois, nous parcourons toujours le même terrain; tantôt d'un coté, tantôt de l'autre, nous courons toujours sans nous arrêter. Souvent rien à manger, rien à boire; aussi nous ne manquons pas de malades, et la pauvre infanterie n'en peut plus. Tout le monde désire la paix, et Dieu sait quand elle se fera ! Elle n'est pas facile à faire et aucun événement ne semble l'amener. On se fait beaucoup de mal sans rien décider. Nous avons, il est vrai, gagné la bataille de Dresde ; mais les affaires du général Vandamme, du Duc de Tarente et du duc de Reggio ont détruit l'influence que devait avoir la victoire de Dresde. La Saxe est ruinée, et nous ne pourrons pas y passer l'hiver.

## N°. VI.

*Le comte de Bocholtz* (1) *à sa femme, à Paris.*

( Traduction de l'Allemand. )

Cassel, 23 septembre 1813.

On dit ici que, le 16, le prince de Wurtemberg, le Russe, a essuyé des pertes considérables en canons et en hommes, et que, le 18, les Autrichiens ont aussi été battus avec une perte de

---

(1) Grand-maître des cérémonies de la couronne de Westphalie.

24 canons. La confirmation officielle en est attendue avec la dernière impatience. Les batailles et enfin le sort de cette campagne doivent décider... En attendant, les mensonges ont libre cours.

---

### N°. VII.

*De Cussy, capitaine, au baron de Cussy, préfet du palais, à Paris.*

*Mombac, le 23 septembre 1813.*

Tu sais que le corps d'armée du général Vandamme a été entièrement détruit; nos deux bataillons en faisaient partie; ils ont tellement souffert que l'on a eu bien de la peine à en former un après l'affaire. Nous avons eu 14 officiers hors de combat; comme tu vois, le régiment n'est pas heureux. L'Empereur en a passé la revue, et, pour les consoler, leur a dit : « Si vous avez été battus, c'est que vous avez été mal commandés; mais la prochaine fois vous serez sous mes ordres, et j'espère que cela ira mieux ».

L'on ne reçoit aucune nouvelle de l'armée depuis huit jours.

---

## N°. VIII.

*N.... à Amiot, auditeur, à Paris.*

*Dresde, 23 septembre 1813.*

La guerre prend une tournure qui ne permet pas de prévoir sa fin. Des événemens inattendus forcent l'Empereur de se multiplier sur tous les points, et ne lui laissent guère la possibilité de tenter de grandes entreprises. Son nom seul déposte l'ennemi; mais il ne donne pas le tems de le battre. On dit, et nous croyons, que la guerre perd tous les jours de son acharnement, que même les dernier venus en ont assez. Ces messieurs sont si loin de leurs prétentions qu'il faudra bien qu'ils se résignent à nous laisser jouir un peu du fruit de vingt ans de gloire, malgré les 24 degrés de froid qui l'ont compromise.

—

## N°. IX.

***N*....** *Commissaire de police au baron Degerando* (1), *à Paris.*

*Gironne, 21 septembre 1813.*

On nous promet quelques renforts ; mais s'ils ne sont pas plus considérables qu'on ne nous l'annonce, et si le résultat des opérations de lord Wellington dans le nord de l'Espagne lui laisse enfin la

---

(1) M. Degerando a publié plusieurs écrits philosophiques, plus longs et ennuyeux que profonds. D'homme de lettres qu'il était, il est devenu homme d'état, pour réaliser les idées de Platon, qui voulait que les philosophes gouvernassent le monde. Il a été successivement employé à l'organisation des états incorporés de Gênes, de Toscane, et, tout zélé catholique qu'il est, de Rome. En dernier lieu il a été envoyé en Catalogne avec une mission pareille. A ce que nous voyons, il est revenu sain et sauf à Paris ; bonheur rare pour un employé français en Espagne.

facilité d'envoyer un renfort aux troupes ennemies qui sont déjà en Catalogne ou sur l'Ebre, nous serons très-certainement forcés de nous retirer en France. Nous sommes, en attendant, très-tranquilles. Les forces ennemies qui nous sont opposées, ont été diminuées par le départ d'un corps de 15 ou 20,000 hommes, qui a été envoyé à l'armée qui est devant Pampelune. Voyant que le corps de lord Bentinck se tenait constamment dans ses positions en avant de Tarragone, le maréchal Suchet l'a attaqué au col d'Ordal, un peu en deça de Villa-Franca, et l'a poursuivi jusqu'à Arbos. On évalue à 12 ou 1500 hommes la perte de l'ennemi, qui a laissé quatre pièces de canon entre nos mains. Les corps anglais qui sont en Catalogne sont composés en partie de prisonniers de guerre français, italiens et allemands, qui ont été forcés par la misère à entrer au service de l'Angleterre, et qui désertent en foule.

N°. X.

*N.... à la duchesse d'Albufera, à Paris.*

Perpignan, le 20 septembre 1813.

Madame la Duchesse, je suis arrivé dans cette ville dans la nuit du 19; M. le général de Caen y est de retour du 18 au soir. Il est certain que M. le Maréchal, avec son armée et une division de l'armée de Catalogne, est parti de Barcelone le 12 pour aller reconnaître l'ennemi en arrière de Villa-Franca, fort, dit-on, de 28,000 hommes. Le col d'Ordal était défendu par une division ennemie. M. le Maréchal a fait attaquer et tourner la position par la division Harispe, a détruit beaucoup de monde, pris cinq pièces de canon et fait 400 prisonniers.

N°. XI.

*Dornal de Guy à Dornal de Guy, capitaine, à Paris.*

Urrugne, le 20 septembre 1813.

( Timbrée Bayonne. )

Voilà deux jours que je suis arrivé à

Urrugne. Dornal vous a, je crois, instruit, mon cher oncle, de tout ce qui se passe dans ce pays. Tout est à peu près dans le même état de choses; nous sommes très-tranquilles, et je crois que nous avons lieu de l'être, même sur tout ce qui peut arriver d'ici au printems. Il paraît, d'après ce que l'on dit, que les Anglais et les Espagnols ne sont pas en bonne intelligence. Plusieurs généraux de ces derniers ont été destitués par les insulaires, ce qui ne contente nullement les Espagnols. J'ai vu les retranchemens et les camps de notre armée; on pense que l'ennemi va prendre ses cantonnemens. Cette circonstance serait bien désirable, parce qu'alors maman et Jenny pourraient en toute sûreté rentrer dans leurs foyers. Au reste, avant peu papa va se décider s'il convient qu'elles rentrent ou non.

J'ai trouvé Urrugne beaucoup plus

animé que lors de mon départ: c'est une agitation continuelle.

(*D'une autre main.*)

Je veux ajouter deux mots, mon cher frère, à ce que t'écrit Félix. Il est auprès de moi depuis samedi.

Il n'y a rien de nouveau ici. Nous ne pouvons rien entreprendre jusqu'à ce qu'il arrive des renforts, et je suis d'opinion que les ennemis ne chercheront point à passer en France. Je ne les crois pas assez forts pour cela. Ils sont maîtres de Saint-Sébastien depuis 12 jours. Nous ne savons rien sur Pampelune. S'ils se proposent de dépasser la Bidassoa après la reddition de cette place, l'hiver viendra auparavant. S'ils ne doivent pas attendre la reddition pour nous inquiéter, ils ne différeront pas. D'après tout cela, je crois qu'une fois la semaine, dans laquelle nous entrons, passée, nous n'avons rien à craindre jusqu'au printems, et ainsi je me propose de faire rentrer la semaine prochaine Angélique et Jenny, à qui il tarde bien de revenir. La lévée des 30,000 hommes me fait trembler pour Dornal; ne m'en parle point dans tes lettres. Adieu, mon cher frère.

---

## N°. XII.

*N.... à Auguste Darripe, à Paris.*

*Mont de Marsan, le 22 septembre 1813.*

Pampelune consomme ses vivres; il tenait encore le 15 septembre et ne sera peut-être pas pris avant le 15 Oct. ou le 1$^{er}$ novembre. J'imagine que lorsqu'il en sera maître, le Feld-Maréchal Lord Marquis de Wellington prendra ses quartiers d'hiver, du moins vers nos frontières, et que par conséquent on ne reprendra les hostilités que vers le printems. La nouvelle campagne de l'Empereur ne ressemble pas aux précédentes, mais on y trouve toujours le génie extraordinaire de ce grand capitaine. Quoique l'Autriche se soit réunie à nos autres ennemis, quoique leur masse belligérante soit de 91 millions, et la nôtre de 70 millions d'habitans seulement, je parierais encore pour l'Empereur comme je l'ai toujours fait, parce qu'il est seul contre plusieurs et qu'il est personnellement très-supérieur aux généraux qu'on lui oppose.

## N°. XIII.

*N.... à la Marquise d'Ariza, à Paris.*

*Hartingue, le 22 septembre 1813.*

(Timbrée Bayonne.)

Quelques mouvemens faits par les Anglais sur ces frontières avaient donné des inquiétudes ces jours derniers. On est aujourd'hui plus rassuré, et si le mois s'écoule sans invasion, on espère en être quitte pour cette année. Les Espagnols sont cantonnés dans les villages à deux ou trois lieues de Hartingue. Je crois que le comte de B. n'a pas quitté Sordes.

Je vous répète, Madame, ce que j'ai chargé votre fils de vous dire.

Le curé de notre village a resté vingt ans à Mora dans la Manche. Ce curé ayant rendu des services à la France et à notre cause, a dû abandonner un pays qu'il habitait depuis la première émigration de France.

---

## N°. XIV.

### *N.... à Darripe, à Paris.*

*Bayonne, le 23 septembre 1813.*

Tout est tranquille ici; les ennemis font le siége de Pampelune et celui de Lerida; on assure même que Lord Wellington a envoyé deux divisions en Catalogne et qu'il s'y porte lui-même; cela nous donne l'assurance que Bayonne ne court plus le risque d'être assiégé.

Le silence que l'on garde sur les opérations militaires du nord me fait de la peine, et l'on fait courir à ce sujet des bruits fâcheux auxquels je ne crois pas du tout, entr'autres la défection du duc de Reggio. Depuis deux courriers, plusieurs lettres de Paris donnent l'espoir d'un armistice avec l'Autriche, ce qui fait présumer qu'elle reprendrait son rôle de médiatrice ; quand elle ne serait que neutre, ce serait décisif pour l'Empereur, On fait aussi courir ici une nouvelle qui ne serait pas fâcheuse pour la situation générale des affaires d'Espagne et des Pyrénées, mais dont on verrait l'éxécution avec peine ; on prétend que le duc de Dalmatie a le projet de se porter en Catalogne avec la plus grande partie de son armée. Il laisserait ici une garnison de 10,000 hommes et sur la frontière deux divisions qui se replieraient dans le camp retranché en avant de Bayonne, si elles étaient pressées par l'ennemi. Cette opération ne donnerait pas d'inquiétude pour Bayonne, dont les ennemis n'entreprendraient pas le siége à l'entrée de l'hiver; mais le pays Basque serait exposé à des incursions fréquentes. En supposant que ce plan doive être exécuté, il ne le sera pas avant trois semaines, car les travaux pour l'inondation des marais de Balichon ne seront pas terminés avant cette époque, ainsi que l'armement des ouvrages de Mousseroles. On va mettre la main à ceux en avant de Marrac et de Bondigo.

Nous venons de perdre le général L'Huilier qui avait été nommé, sur la proposition du Ministre, Commandant supérieur de la ville et citadelle, par lettres patentes très-flatteuses de S. M.; mais le Maréchal qui avait déjà nommé de son côté le général Thouvenot, est parvenu à lui faire donner des lettres patentes semblables à celles du général L'Huilier, que l'on a vu partir sans regret pour Bordeaux avec M. de Pressigny.

N°. XV.

*N... à Pardeilhan, à Paris.*

*Pau, le 23 septembre 1813.*

Il y a eu une autre réquisition à Méillon dont je suis pour vingt francs, et on m'en annonce une autre dans peu de tems. L'on n'en finit pas.

―――

N°. XVI.

*N.... à Dairgainaratz, à Paris.*

*Pau, 23 septembre 1813.*

La sécurité la plus grande règne de plus en plus dans ces pays, que tu crois si menacés. Est-ce pour mieux masquer leurs projets que les ennemis se tiennent tranquilles ? C'est ce que je ne sais pas ; mais la vérité est qu'ils continuent leurs retranchemens, qu'ils coupent tous les chemins qui peuvent aboutir à eux, qu'ils font des abattis considérables, qu'ils prennent cantonnement dans toutes les communes, et qu'ils ont beaucoup souffert par le défaut de vivres et le mauvais tems. Je les crois dans le dessein de chasser le maréchal Suchet de la Catalogne, où il ne peut pas tenir pour peu qu'on l'attaque, et il laissera Lérida, Tortose et Barcelone approvisionnées pour longtems. Il n'y a ici aucune nouvelle, sinon que nous sommes écrasés de cavalerie qui vient ici prendre des cantonnemens, n'ayant pas de fourrage à la frontière.

## N°. XVII.

*Longueville à Longueville, officier de Marine, à Venise.*

Rade de Flessingue, Terpsicore,
le 24 septembre 1813.

Il faut bien que tu saches que je pars. A compter du 1$^{er}$ octobre, ce sera au premiers tems favorable; ainsi, avant que tu reçoives celle-ci, j'espère avoir déjà traversé les mers du Nord.

C'est avec bien du plaisir que je vais

faire campagne. J'espère qu'elle sera heureuse. Il y a six frégates sur l'Escaut. Toutes six doivent sortir cet hiver deux à deux. La Terpsicore et l'Ajax sont les deux premières.

Le départ est certain. Nos vivres sont à bord, la chaloupe embarquée de ce matin, et nous sommes payés jusqu'au 1$^{er}$ octobre. Notre équipage est fort mauvais. La moitié plus un est hollandais, et n'entend pas un mot de français, tous conscrits. *A vaincre sans péril* etc., mais je préférerais être certain d'en avoir un peu, que beaucoup à pareil prix.

### N°. XVIII.

*St.-Aulaire à Madame de St.-Aulaire, sa mère, à Corbeil (Seine.)*

Bar-sur-Ornain, le 25 novembre 1813.

Je vais aller chanter un *Te Deum* pour nos victoires. Nous sommes ici tristes et inquiets. Nous voyons revenir des blessés. Notre maréchal Oudinot a été battu. Je voudrais que l'Empereur sût à quel point on est découragé dans l'intérieur. Je ne le cacherai pas. Je suis trop bon serviteur pour vouloir faire ma cour par des mensonges. Je ferai cependant bonne contenance, et tant que je voudrai ou pourrai rester à ma place, je servirai en conscience sans faire naître de petits obstacles qui, en dernière analyse, ne tournent jamais au profit des peuples. Je prie Dieu de bien bon cœur pour l'Empereur. Je lui demande de le protéger, de l'éclairer et de faire cesser cette masse effroyable de calamités qui dans aucun tems de l'histoire onnue n'a pesé en même tems sur une telle étendue de pays.

## N°. XIX.

*N... au Comte de la Briffe, à Paris.*

(Timbrée Nantes.)

*La Dînerie, le 25 septembre 1813.*

Donatien est ici organisant sa troupe,

ce qui n'est pas une petite besogne. Il en viendra cependant à bout, mais non sans quelque peine. Il est très-difficile d'exiger des paysans de faire tous les dimanches cinq à six lieues pour venir faire l'exercice et retourner le soir, le tout à leurs frais.

## N°. XX.

*R. Beerenbrocke à V....., à Paris.*

*Amsterdam, le 25 septembre 1813.*

Les fonds n'ont pas varié hier. Les bons sont restés à 39. 20. Les fonds russes à $43\frac{3}{4}$, ceux d'Espagne à $43\frac{3}{4}$, et ceux de Venise à $19\frac{1}{4}$.

Aujourd'hui le courrier de Saxe et celui de Hambourg ne sont pas arrivés. On ne sait qu'en penser. Je vous dirai ci-bas le résultat de la bourse.

Les grains, les graines grasses et les huiles n'ont guère varié non plus. Les bons sont restés à $38\frac{1}{2}$-39, les fonds russes à 44 $\frac{3}{8}$, les fonds d'Espagne à 18 $\frac{3}{8}$, les fonds de Vienne à 19 $\frac{1}{2}$.

Froments des rives de l'Elbe, 125 à 126, 290, 292; nouveaux du haut pays, 128, 129.

Seigles nouveaux d'Overyssel, 120, 122-162, 166, 168, 170; vieux id., 118, 120, 153, 163, 168, 170.

## N°. XXI.

*Joseph d'Albe à la baronne d'Albe, à Paris.*

St.-Jean-de-Luz, 26 septembre 1813.

Le tems est toujours extrêmement mauvais. Nous sommes parfaitement tranquilles. La position de l'ennemi devient de jour en jour plus critique. Il paraît qu'il meurt de faim dans les montagnes, car il nous arrive beaucoup de déserteurs, et tous disent que la pénurie est extrême. Les Espagnols et les Anglais ne peuvent plus s'entendre ; dernièrement ils se sont battus entre eux. Il faut espérer que la conduite des Anglais leur fera ouvrir les yeux.

### N°. XXII.
*N.... à V....., à Paris.*
*Anvers, le 26 septembre 1813.*

Les lettres d'Amsterdam m'annoncent une nouvelle baisse dans les bons des domaines, comme les consolidés continuent aussi de baisser fortement. J'y prévois encore une plus forte baisse, sur-tout si nous ne recevons pas bientôt des nouvelles plus consolantes des armées en Allemagne. Celles qu'on nous donne de tous côtés ne sont pas favorables ni rassurantes. Il ne reste donc à espérer que bientôt tout cela prendra une meilleure tournure.

### N°. XXIII.
*Chauliènque au comte Rœderer, à Paris.*
*Cherbourg, 26 septembre 1813.*

La ville de Cherbourg, d'après une invitation du ministre de l'intérieur, vient de nommer une députation pour se rendre auprès de S. M. l'Empereur, à l'effet d'obtenir que le fort créé par notre auguste souverain et la ville qui en est l'accessoire, portent désormais son nom. La députation se dispose à partir dès qu'elle aura reçu l'autorisation.

Le vaisseau le Zélandais sera probablement lancé le 1$^{er}$ octobre; mais cela n'est pourtant pas certain, parce qu'on est obligé de creuser dans le sable sur la route qu'il doit parcourir d'abord.

La passe se désobstrue peu à peu, mais c'est un ouvrage nécessairement long.

## C.

*Cabinets de Gênes et de Florence* (1).

### N°. I.

*Jean de la Rue, à MM. de la Rue, frères, à Gênes.*

Milan, 20 septembre 1813.

Rien de nouveau en politique; il

---

(1) Le baragouin dans lequel quelques-unes des let-

règne un grand silence sur les dernières affaires d'Allemagne, ce qui n'est pas d'un bon augure.

Il n'y a pas eu d'engagemens de nos côtés ; les événemens d'Allemagne dirigeront les armées d'ici.

## N°. II.

*Charles Bonami, à M. Paul-François Curotti, à Gênes.*

*Milan*, 20 septembre 1813.

Malgré toutes les diligences possibles, je n'ai pu jusqu'ici vendre vos sucres à cause de l'incertitude des nouvelles politiques, puisque nous manquons depuis long-tems de relations officielles ; de manière que je puis vous dire que les

---

tres suivantes sont écrites prouve que, dans les bureaux de poste au-delà des Alpes, la police emploie des Italiens pour faire les traductions. Il vaut la peine de passer par dessus les fautes de grammaire pour connaître la disposition des esprits en Italie.

mauvaises nouvelles seraient désormais préférables à cette inexplicable perplexité.

―――

## N°. III.

*Fesch Paravicini, à M. Ferdinand d'Othel, à Florence.*

(Traduction littérale de l'italien.)

*Bâle, 14 septembre 1813.*

Vous aurez appris la victoire près de Dresde, qui a eu lieu à la bataille de Vandamme avec 20,000 hommes. Dans la Silésie il y a eu une perte suffisante; il y a eu ensuite à Berlin un massacre. On dit que les Français sont en retraite, mais on ne peut pas croire des choses semblables, ceux surtout qui connaissent l'empereur. On sait maintenant que Moreau n'a eu autre chose qu'un *streissehus* à la jambe. Nous nous flattons que Napoléon surmontera tous les obstacles, quand même il rétrograde, comme l'assurent les lettres de Leipsick, Augsbourg, etc.

---

## N°. IV.

*Philippe, à M. le Colonel Testori, à Florence.*

(Traduction de l'italien.)

*Livourne, 20 septembre 18 3.*

Laissant de côté les grands bavardages relatifs aux progrès de l'Italie, des préparatifs pour le départ de la vice-reine, de la bataille sur l'Elbe en désavantage des armées françaises, manquant les bulletins et les lettres, où peut-on fonder tous les bruits qui courent ? Il faut être très-circonspect pour y croire, et attendre que le tems fasse connaître la vérité. On dit que le duc d'Albufera s'est retiré à Figuieras, laissant Barcelone à la défense de sa propre garnison ; tout le reste de la Catalogne on le dit au pouvoir des Espagnols. On dit que les

Autrichiens sont à Inspruck, et que Macdonald et Oudinot ont été fortement battus.

---

## N°. V.

*A S. E. M. le Duc de Sora, à Rome.*
(Traduction littérale de l'italien. Sans signature.)

*Pise, le 14 septembre 1813.*

Il paraît que le plan des alliés était celui de vouloir Dresde décidément, Bernadotte acheminé pour Hambourg avec l'autre armée, et avoir voisine la Hollande.

Les forces autrichiennes étaient imposantes en Bohême. La gazette de Zurich dit que de la Bohême sortirent 320 mille Autrichiens pour combattre; qu'il semble qu'ils devaient être les premiers à se battre avec Napoléon depuis le 20 jusqu'au 23 août, époque à laquelle Klénau se conduisit mal pour ne point avoir obéi avec son corps; en effet, il fut arrêté pour être conduit à Vienne,

mais qu'il fut fusillé au camp, parce que l'armée autrichienne souffrit beaucoup par sa faute, et nonobstant que Bonaparte, dans le tems qu'il se battait avec les Autrichiens, dut se retirer et emmener avec lui 100,000 hommes pour courir au secours de Dresde, où il y avait le fort de l'armée alliée pour battre Dresde, qui souffrit plusieurs attaques. Les alliés par conséquent durent se battre de nouveau avec la grande armée française, renforcée d'une manière très-imposante. Bonaparte entra à Dresde très-fortifiée, où il y avait 40,000 hommes augmentés par autant d'autres ; mais après d'autres attaques et assauts, les Autrichiens y entrèrent les premiers ; ils furent repoussés en dehors, et ensuite les alliés étant entrés de plusieurs parts avec la cavalerie russe, on se battait dans toutes les rues au point que le sang coulait comme l'eau. Jusque les ous agissaient dans la ville, et la ville était déjà cernée sur les deux rives de l'Elbe : elle fut finalement prise, et Bonaparte avec le roi de Saxe, qui se croyaient en sûreté à Dresde, se sauvèrent par miracle dans une barque, fuyant le long de la rive de l'Elbe. On dit que la prise de Dresde a coûté 100,000 hommes, et que la perte des Français prisonniers est aussi très-grande. On en attend les détails, parce que dans le même tems qu'on battait la dernière aile de Dresde, les Autrichiens battaient l'autre aile de fond et du centre en toute la ligne avec une armée nombreuse, qui battit les Français en Bavière et en Franconie, et les mit en déroute. Entre les attaques et la prise on employa deux jours continuels, c'est-à-dire depuis le 31 jusqu'au 1$^{er}$. de septembre, et qui dit depuis le 30 août jusqu'au 1$^{er}$. de septembre. On dit que pour récompenser les soldats des alliés on leur accorda six heures environ de pillage. Voilà ces pauvres habitans sacrifiés, parce que l'ordre de Bonaparte ne permettait pas que l'on rendît cette ville à un si grand nombre de forces supérieures.

## N°. VI.

*15 septembre.*

Nous avons ce matin la gazette de Florence et un bulletin qui arrive jusqu'au 28 et 29, daté du 2 septembre, qui nous cache la prise de Dresde, et qui contient un funérail; il nous fait savoir la mort du général Vandamme qui voulait pénétrer en Bohême avec sa colonne qui a été défaite. On nous dit qu'il avait un petit nombre de soldats, et l'on sait que sa colonne était de 30,000 hommes. En substance, vous verrez un bulletin, ou bien vous trouverez cette nouvelle dans la gazette de Toscane. Nous savons de Fiume qu'il y avait 6,000 Hongrois pour le moment, et que l'escadre anglaise y avait débarqué 2,000 Anglais venus de la Sicile; qu'à Trieste, les Au-

ens n'y étaient point entrés, et
était arrivé quelques détachemens
valerie jusqu'aux portes, mais qui
ent retirés ; l'armée autrichienne,
alie, jouant aux échecs en s'avan-
et se retirant ; le vice-roi, plus
; il paraît qu'il n'ose pas les atta-
qu'en escarmouches ; mais vous
ez sous peu que les Autrichiens s'a-
eront dans toute l'Italie, et qu'ils
ront pas seuls.

### N°. VII.
#### 17 septembre.

intenant la rigueur de parler de
elles est extrême : nous sommes
iés qu'une grande nation fasse at-
on à de semblables petitesses ; mais
illement il paraît qu'il n'y a plus
in doute sur la prise de Dresde,
gré que les gazettes d'aujourd'hui
hasardent la date de Dresde du 30 août.
On sait maintenant les nouvelles non

précises, mais en gros ; que les batailles que les Français ont eues partout, sont des choses très-sérieuses ; que le reste de l'armée de Napoléon a dû se retirer après la prise de Dresde, et que maintenant le quartier-général des Français est à Erfurt, très au delà de l'Elbe et de Dresde, parce qu'il ne pouvait plus secourir le restant de son armée coupée en dehors par 120,000 hommes qui s'étaient engagés d'entrer à Berlin; mais elle a été cernée par des triples forces, par conséquent Dieu sait ce qui s'en sera suivi dans ce moment : la même chose peut-être comme au général Vandamme qui avait plus de 30,000 hommes qui ont été detruits, et que eux disent qu'il n'en avait que 18,000 pour pénétrer en Bohême, s'il eût été possible; tandis que eux-mêmes nous avaient dit que Vandamme, avec ses autres généraux divisionnaires, avait 40,000 hommes; par conséquent si tout se vérifie, comme il est probable, nous apprendrons des choses de haute importance.

———

N°. VIII.
18 *septembre.*

Demain on attend les lettres de la Suisse, et la gazette si elle passera, avec des nouvelles de la vérité du fait de Dresde que l'on a dit tombée, et la grande armée française coupée, partie au-delà de l'Elbe éloignée de 60 milles de Dresde, et l'autre au-deça de l'Elbe encore détachée. Telles sont les nouvelles, si elles se vérifient demain, et que peut-être on attend un de leurs bulletins. Ce qui paraît certain, est que les Autrichiens prirent possession de Trieste le 11, et qu'ils étaient préalablement entrés à Fiume; que des batailles avaient été données du côté d'Udine, et que plusieurs blessés étaient allés jusqu'à Mantoue. Nous ne savons rien autre jusqu'à présent, et nous n'apprenons point de nouvelles télégraphiques. Moreau sain était au camp d'Alexandre.

---

## N°. IX.

*Bulletin du Ministre de la police concernant l'Impératrice.*

*Saint-Cloud, le 29 septembre.*

L'Impératrice a eu le bonheur de recevoir aujourd'hui une lettre de l'Empereur, datée du 24 de Harthau. Une lettre particulière de cabinet a confirmé la bonne santé dont S. M. n'a point cessé de jouir. Ce courrier a été fort agréable à l'Impératrice et fort tranquillisant : la lettre du cabinet donnait des nouvelles favorables de la santé du Vice-Connétable. L'Impératrice qui avait entendu la princesse de Neufchatel se plaindre de n'avoir pas de nouvelles du Prince, lui a écrit sur-le-champ pour lui envoyer celle qu'elle venait de recevoir. Un grand nombre de personnes de différens états étaient venues ou avaient envoyé demander des nouvelles du Vice-Connétable avec un empressement flatteur pour lui. A son hôtel, on avait répondu qu'il n'y avait rien de plus que ce qui se lisait dans le bulletin.

Le conseil des ministres a eu lieu à l'heure ordinaire à Saint-Cloud. Après le conseil, l'Impératrice a été se promener à cheval au bois de Boulogne : le tems a été fort beau jusqu'à cinq heures que l'air est devenu vif et presque froid.

La santé de S. M. est fort bonne ; le sommeil lui est revenu ; elle ne se plaint plus du mal-aise qu'elle éprouvait.

*A M. le baron Fain, maître des requêtes et secrétaire intime de S. M. l'Empereur et Roi.*

*Rapport du mercredi 29 septembre 1813.*

[ *Note de l'éditeur.* — Ce rapport, sans signature et sans cachet officiel, provient d'un agent secret ignoré du ministre de la police, et destiné à contrôler ses rapports. L'écriture est d'un genre peu usité, ornée de beaucoup de traits, peut-être pour rendre la contrefaçon plus difficile ].

*Chagrin présumé de S. M.* — Le bruit circulait le matin que S. M. l'Impératrice Reine et Régente n'avait pas reçu à Saint-Cloud; et comme on ne disait pas que S. M. eût éprouvé aucune indisposition, on attribuait la cause de la retraite de S. M. à quelques nouvelles peu satisfaisantes que S. M. aurait reçues de l'armée.

*Voyage de S. M. l'Impératrice.* — On dit que S. M. est sur le point de faire un voyage; le bruit général est que c'est Anvers que S. M. va honorer de son auguste présence. Quelques personnes prétendent savoir que c'est Mayence qui est le but du voyage de S. M.

*Princesse de Wagram.* — On a dit aussi que S. A. S. M$^{me}$. la princesse de Neuchâtel, était à la veille de partir pour se rendre auprès du prince son époux.

*M. le duc de Reggio.* — Les nouvelles officielles de la veille, insérées hier dans les journaux particuliers, ont donné lieu à remarquer dans quelques endroits publics, qu'elles ne faisaient aucune mention de M. le maréchal duc de Reggio. Les uns ont dit qu'il était blessé, et d'autres disent qu'il est prisonnier.

*Retraite de l'armée.* — L'article des journaux, sous la rubrique de Francfort, qui annonce l'arrivée en cette ville de plusieurs officiers wurtembergeois qui y attendront une colonne de leurs troupes venant de la grande armée, a été considéré comme une indice précurseur de la retraite de la grande armée.

*Espagne.* — Le bruit circule que la Junte a déclaré l'Espagne indépendante, et a supprimé la noblesse et la dîme.

*Armée d'Espagne.* — Les nouvelles de l'armée d'Espagne ont fait on ne peut pas moins de sensation ; tous les yeux sont fixés sur la grande armée.

## Préfecture de Police.

*Police générale de l'Empire.* 4.me *Arrondissement.*

BULLETIN.

*Paris, le 29 septembre* 1813.

*Subsistances.* — Le cours des farines premières a été de 67 à 72 fr. Le prix moyen est de 70 fr. 28 c.; c'est 7 c. d'augmentation comparativement au prix moyen d'hier.

Le commerce a apporté 811 sacs de farine, et en a vendu 698; il lui en reste 2022 sur le carreau.

Le bled a valu aujourd'hui jusqu'à 37 fr. et la vente a été assez animée : il y avait cependant un arrivage de 868 sacs, mais les fariniers des départemens de Seine et Marne, et de Seine et Oise, ne trouvant pas à acheter ce qu'ils voulaient sur les marchés où ils s'approvisionnent ordinairement, sont venus sur celui de Paris.

Le bled de semence a valu de 40 à 44 fr. Les demandes et le haut prix de ce bled sont une des causes qui concouraient aujourd'hui au resserrement de la denrée.

Le seigle a valu de 13 à 14 fr.

L'orge de 11 fr. 50 c. à 13.

L'avoine de 21 à 26.

Les farines valent à Rouen de 70 à 73 fr. Il se fait en ce moment beaucoup d'expéditions sur cette place.

Elles sont en calme à Lyon, Marseille, Orléans et Nantes.

*Caserne.* — La surveillance des casernes n'a rien présenté depuis lundi qui soit digne de remarque.

Seulement 75 réfractaires ont quitté hier matin, à six heures, la caserne départementale, et sont partis pour Wesel.

Les services ordinaires ont été faits avec régularité, et la tranquillité des casernes n'a pas été troublée.

L'esprit des troupes est toujours bon.

*Evénemens.* — Le Sʳ. Lenfant, âgé de 20 ans, professeur d'écriture au Lycée Napoléon, logé cour du Commerce, n°. 25, s'est pendu dans le salon de l'appartement qu'il occupait. Ce jeune homme était d'un caractère sombre.

*Journaux.* — Les journaux ne présentent rien aux nouvelles le plus récemment publiées.

*Théâtres.* — On a donné hier au théâtre de l'Odéon une comédie nouvelle en un acte en vers, intitulée : *Qui des deux a raison ?* ou *la Leçon de danse.* Cet ouvrage, qui n'offrait aucune situation bien nouvelle à la scène, a dû son succès principalement à des traits d'un assez bon comique, et à une versification facile. L'auteur ayant été demandé, on est venu nommer M. Dumaniant.

*Arrestations.* Les agens de police ont arrêté depuis hier un déserteur, quatre individus prévenus de vol, quinze vagabonds et rodeurs de nuit, un pour mendicité, deux pour atteintes portées aux mœurs.

Le C. d'E. P. de P., B. P.

*Rapport du général comte Hulin à l'Empereur et Roi.*

Paris, le 29 septembre 1813.

SIRE,

J'ai l'honneur de transmettre à Votre Majesté l'extrait des rapports de ce jour et la situation des corps de la ligne, stationnés dans la $1^{ere}$ division militaire.

De votre Majesté Imp. et Royale,
Sire,

Le très humble, très-obéissant serviteur et très-fidèle sujet,

Comte HULIN.

*Etat Major Général de la $1^{re}$ Division Militaire et de la place de Paris.*

Extrait des rapports du 29 septembre 1813.

*Arrestations.* Trois hommes et une femme arrêtés dans les rixes, consignés aux postes de la rue du Lycée, de la pompe des invalides et du pont au change. l'homme consigné à ce dernier poste est prévenu, en outre, d'avoir insulté une sentinelle et la garde.

Deux hommes prévenus de vol, consignés aux poste de l'arcade Colbert.

Un jeune tambour du 15e régiment d'infanterie légère absent de son corps depuis environ 15 jours sans permission, consigné au poste de la rue de l'Oratoire par un officier civil, et conduit à l'Etat Major hier à six heures du soir.

Un déserteur du 122e. régiment d'infanterie de ligne, arrêté à minuit par ordre d'un officier de l'Etat Major, où il a été conduit.

Deux hommes et une femme consignés à différens postes par des officiers civils qui n'ont pas donné connaissance des motifs de ces arrestations.

De l'Imprimerie de NOUZOU, à Paris.

# GARDE IMPÉRIALE.

**Situation des divers régiments et dépôts à l'époque du 25 septembre 1813.**

## ÉTAT-MAJOR.

Le général de division comte d'Ornano, à l'École militaire, commandant.
Le général de division baron Dériot, commandant l'Infanterie.
Le colonel Pury, commandant d'armes à l'École militaire.
Le chef d'escadron Charrey, adjoint à l'état-major.
Le chef de bataillon du génie, Girard.
Le lieutenant adjoint au génie, Lebis.
L'inspecteur aux revues, Félix.
Les sous-inspecteurs aux revues, Sabatier et Lamullé.
L'adjoint aux sous-inspecteurs aux revues, Legras.
Le commissaire des guerres, Touguet.
L'adjoint au commissaire des guerres, Pelluchet.
Le bibliothécaire, Lomonnier.
Médecin ............ 1
Chirurgiens ............ 5
Id. (élèves) ............ 10
Pharmaciens ............ 3
Id. (élèves) ............ 2

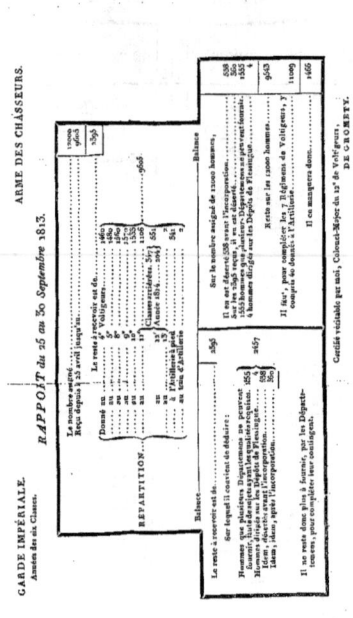

## GARDE IMPÉRIALE. ARME DES CHASSEURS.

Ancien 1er et 2e Classes.

**RAPPORT du 25 au 30 Septembre 1813.**

Certifié véritable par nous, Colonel-Major du 1er de Voltigeurs,

DE GROBETY.

www.ingramcontent.com/pod-product-compliance
Lightning Source LLC
Chambersburg PA
CBHW070615160426
43194CB00009B/1272